생각대로 살지 않으면
사는 대로 **생각하게** 된다

생각대로 살지 않으면 사는 대로 생각하게 된다

Il faut vivre comme on pense,
sans quoi l'on finira par penser comme on a vécu

은지성 지음

우리는 매 순간 수많은 점을 찍으며 살아갑니다.
그 점들은 선으로 이어져 당신의 미래에 도달합니다.
하나의 점은 작고 초라하지만 모이면 큰 힘이 됩니다.
꿈과 희망도 그러합니다. 잊지 마세요.
민들레 홀씨 하나가 큰 숲을 이룹니다.

황소북스

인간의 일생은

그 인간이 생각한 대로 된다.

아우렐리우스

생각하는 것은 쉬운 일이다.

행동하는 것은 어려운 일이다.

생각한 대로 행동하는 것은 더욱 어려운 일이다.

괴테

머릿속으로 자신이 바라는 것을 생생하게 그리면

온몸의 세포가 모두 그 목적을 달성하는 방향으로 조절된다.

아리스토텔레스

추천의 글

세상은 부조리로 가득하다고 소리쳤던 적이 있었다. 너는 얼마나 진실했느냐고, 세상은 나를 향해 물어왔다. 도무지 되는 일이 없다고 불평했던 적도 있었다. 너는 자신을 위해 죽을힘을 다했느냐고, 삶은 나를 향해 물어왔다. 이 책 속엔 위대한 정신이 담겨 있다. 책을 읽으며 자신의 의지와 생각대로 사는 게 얼마나 아름답고 숭고한지 배웠다. 그들은 슬퍼하는 나를 위로했고, 진정한 행복으로 나를 이끌었으며, 위기의 순간마다 결정적인 방향이 되어주었다.

이철환(작가)

이철환 ········ 소설과 동화와 희곡을 쓰는 작가. 작품으로는 《연탄길》, 《행복한 고물상》, 《위로》, 《눈물은 힘이 세다》, 《반성문》 등이 있다. 400만 명의 독자들을 울린 《연탄길》은 일본과 중국, 대만 등에 수출되었으며 뮤지컬로 만들어져 소극장창작뮤지컬상을 수상했다. 2000년부터 책 수익금으로 운영해온 '연탄길 나눔터 기금'을 통해 낮고 그늘진 곳에 있는 이들을 후원하고 있다.

……

꿈을 이루기 위해 목표와 계획을 세우고
자신의 생각대로 걸어간 이들의
이야기가 이 책 속에 있다.
길을 가다 내 길이 아님을 알고 인생항로를
바꾼 사람도 있고, 자신의 길을 묵묵히 걷다
온갖 고난과 역경을 딛고 마침내 꿈을 이룬 사람도 있다.

 저자의 글

인간의 일생은
그 인간이
생각한 대로 된다

《직관의 힘》이라는 책을 내고 많은 독자분이 메일을 보내주셨다. 직관의 개념과 중요성을 알게 해줘서 고맙다는 메일이 대부분이었다. 그런데 그 메일 속에는 한 가지 공통점이 있었다. 책 속에서 인용된 "생각대로 살지 않으면 사는 대로 생각하게 된다"라는 문구가 인상적이었다는 이야기가 꼭 언급되었다.

나 또한 그랬다. 지금이야 트위터, 페이스북, 카톡이 대세지만 몇 년 전만 해도 지인들과 연락을 주고받을 때는 MSN 등과 같은 온라인 메신저가 주로 이용되었다. 위의 인용구는 당시 내 온라인 메신저 프로필로 10년 넘게 사용되었다. 보는 순간부터 가슴을 치는 구석이 있었다. 보면 볼수록 누군가가 나에게 죽비를 내리치며 외치는 것 같았다. 등골이 오싹하고 소름 끼쳤다.

나의 20대를 안도현 시인의 "연탄재 함부로 차지 마라"로 시작되는 〈너에게 묻는다〉가 지배했다면 3, 40대는 "생각대로 살지 않으면 사는 대로 생각하게 된다"가 지배하고 있다. 무슨 일을 시작하거나 중요한 선택을 하려고 할 때 항상 이 문구를 먼저 생각했다. 그리고 내 마음과 직관이 명령하는 대로 따르려고 노력했다. 그건 지금도 마찬가지다. 위의 인용구는 말하자면 내 좌우명 같은 것이다.

이 인용구는 "바람이 분다. 바람이 분다. 살아야겠다"라는 유명한 구절이 나오는 〈해변의 묘지〉를 쓴 프랑스 시인 폴 발레리가 한 말이다. 원어로는 'Il faut vivre comme on pense, sans quoi l'on finira par penser comme on a vécu'인데 해석하는 사람마다 조금씩 다르다.

역경을 딛고 일어난 사람들의 감동적인 이야기

이 책은 자기계발서의 모습을 하고 있지만 여러 사람의 감동적인 인생 이야기가 담겨 있는 인생론으로 읽어 주었으면 좋겠다. 이 책에 등장하는 스무 명의 사람은 역경과 고난을 이겨내고 자신만의 성공을 일군 사람들이다. 성공이라는 단어가 요즘은 돈을 많이 모아 엄청난 부자가 되거나 유명한 사람이 된다는 의미로 쓰이지만 원뜻은 '목적하는 바를 이룸'이라는 뜻이다.

꿈을 이루기 위해 목표와 계획을 세우고 자신의 생각대로 걸어간 이들의 이야기가 이 책 속에 있다. 길을 가다 내 길이 아님을 알고 인생항로를 바꾼 사람도 있고, 자신의 길을 묵묵히 걷다 온갖 고난과 역경을 딛고 마침내 꿈을 이룬 사람도 있다. 처음부터 금수저를 물고 태어난 사람들의 이야기가 아닌 것이다.

이 책을 읽다 보면 여러 번 눈물을 훔치게 될 것이다. 역경을 딛고 일어난 사람들의 이야기에는 눈물과 감동이 있기 마련이다. 그리고 이 책 속에서 자신만의 롤 모델이나 멘토로 삼을 만한 사람을 만날 수도 있다. 단 한 명이라도 좋으니 꼭 만났으면 좋겠다는 것이 나의 바람이다. 그들의 삶을 따라가다 보면 어느새 여러분의 인생도 조금씩 보이기 시작할 것이다. 이 순간을 놓치지 말고 조용히 자신의 삶을 되돌아볼 수 있는 시간을 마련해 보기를 권한다.

세상을 바라보는 내가 바뀌면 모든 게 변한다

자료를 수집하고 이야기를 구상하면서 참 많이 울고 반성했다. 작은 일에 투정하고 몹쓸 자존심 때문에 남 탓만을 하고 살지는 않았는지 돌아보게 되었다. 가진 것에 감사할 줄 모르고 주변 탓만 하지 않았는지, 부모님과 가족, 주변 사람들에게 작은 상처라도 주지는 않았는지, 내 꿈을 이루기 위해 다른 사람의 소중한 꿈을 짓밟은 적은 없는지 등 나를 다시 한 번 돌아볼 수 있는 계기가 되었다.

또한 내 인생이 내가 설정한 방향대로 잘 가고 있는지에 대해서도 생각해볼 수는 있는 시간이었다. 내 인생 최악의 사건에 휘말려 2년 동안 이루 말할 수 없는 온갖 고통과 역경을 거치면서 나는 얼마나 세상과 타인을 탓하고 증오했던가. 못된 생각을 수없이 했으며 일부러 옥상이나 높은 곳은 얼씬도 하지 않았던 암울한 시간이었다. 하지만 이 모든 고난이 내 계획의 일부분이며 나는 그 과정을 거치고 있을 뿐이다고 생각하는 순간 마음이 평온해졌다. 마음이 평온해지니 세상이 달라 보였다. 그렇게 좋은 생각과 긍정적인 생각만을 하려고 노력하다 보니 좋은 일들이 계속해서 일어났다.

말이 씨가 된다는 말이 있다. 말이 씨라면 우리의 생각은 뿌리이다. 뿌리가 자라 가지를 이루고, 가지가 자라 줄기를 이루고 잎을 만든다. 지금 여러분이 살고 있는 삶은 어쩌면 예전부터 여러분이 꿈꾸고 생각했던 것의 결과물인지도 모른다. 그래서일까? 아우렐리우스가 말한 "인간의 일생은 그 인간이 생각한 대로 된다"라는 구절이 예사롭지 않게 들린다.

자신의 생각대로 세상이 움직인다면 얼마나 좋을까. 하지만 그것이 불가능하다는 것은 경험을 통해 깨닫게 된다. 세상이 내 마음대로 바뀌게 하는 방법은 단 한 가지뿐이다. 세상을 바라보는 내가 바뀌면 되는 것이다.

미래를 알 수 없다면 스스로 그 미래를 만들자

대문호 괴테는 "생각하는 것은 쉬운 일이다. 행동하는 것은 어려운 일이다. 생각한 대로 행동하는 것은 더욱 어려운 일이다"라고 했다. 인생이란 어렵고 힘들기 때문에 도전해볼 만한 가치가 있는 것은 아닐까? 무릎팍이 깨지고 온몸에 상처가 나더라도 인생이란 즐거운 여행길이다. 물론 그 여행길이 천국이 될지 지옥길이 될지는 여러분의 마음먹기에 달려 있지만.

  이 책이 나오기까지 여러분이 신경을 써주셨다. 먼저 황소북스의 허윤형 대표님과 박태규 본부장님에게 감사를 드린다. 두 분이 없었다면 이 책을 쓸 엄두조차 내지 못했을 것이다. 항상 곁에서 응원해 주고 격려해 준 희수, 현용, 성태, 향표, 정태, 종민, 주영, 태형, 보영, 현숙, 인택, 호진, 채성, 진환, 원석, 수인, 수경, 태준, 덕진, 종진, 희형, 철환, 승우, 덕열, 석범, 형식, 남규, 형진, 동수, 진태, 영경, 김변, 창준 등에게도 고맙다는 말을 전한다. 그리고 조금 더 일찍 만나지 못한 것을 살면서 늘 후회하게 만드는 사랑하는 아내와 진과 민, 두 아들에게도 고마움을 전한다.

  미래를 알 수 없다면 스스로 그 미래를 만드는 게 가장 빠른 방법이다. 부디 이 책이 독자 여러분의 인생길에 심심치 않을 동반자가 되었으면 좋겠다. 주위에서 뭐라고 해도 뜻을 굽히지 않고 자신의 꿈과 희망을 찾아갈 수 있는 작은 지침서가 되었으면 좋겠다.

| 목차 |

저자의 글 인간의 일생은 그 인간이 생각한 대로 된다

1부 모든 것은 자신의 신념에서 시작된다

생각대로 ① | 영화배우에서 유니세프 대사가 된 오드리 헵번
자신의 의지와 생각대로 남을 돕는 손이 되어라 ············ **21**
+메시지: 남을 돕는 것은 자기 자신을 돕는 것이다

생각대로 ② | 세계 오지에 3000개의 도서관을 지은 존 우드
마음먹으면 바로 행동에 옮겨라 ································ **33**
+메시지: 오늘만큼은 마음먹은 대로 던져라

생각대로 ③ | 한국 최초의 수영 금메달리스트 마린보이 박태환
실수는 하더라도 실패는 하지 마라 ····························· **43**
+메시지: 실수는 온몸으로 껴안아라

생각대로 ④ | 영화처럼 살다 간 샹송의 여왕 에디트 피아프
목숨을 걸지 않으면 꿈을 이룰 수 없다 ······················· **53**
+메시지: 사랑을 하려거든 목숨 바쳐라

2부 내가 바뀌지 않으면 아무것도 변하지 않는다

생각대로 ⑤ | 희망전도사 닉 부이치치
백 번이라도 다시 일어나기 위해 노력해라 ·················· **65**
+메시지: 주저앉을 힘이 있다면 일어나라

생각대로 ⑥ | 미국의 체신부 장관 존 워너메이커
비록 조그만 일일지라도 온 힘을 다해서 해라 ············· **75**
+메시지: 작은 것을 위대하게 만드는 디테일의 힘

생각대로 ⑦ | 세계를 울린 마라톤 부자 팀 호이트
그래요, 당신도 할 수 있어요 ······································ **85**
+메시지: 인생은 마라톤, 최종 승자는 아무도 모른다

생각대로 ⑧ | 노벨상을 인류에게 남긴 노벨
세계 인류의 평화가 내 마지막 재산이다 ····················· **95**
+메시지: 가슴속에 큰바위 얼굴을 품어라

3부 미래를 예측하기보단 미래를 만들어라

생각대로 ⑨ | 미국의 전설적인 농구 코치 켄 카터
평균에 만족해서는 아무것도 이룰 수 없다 ················ **107**
+메시지: 멘토는 당신과 가까운 곳에 있다

생각대로 ⑩ | 천상의 목소리를 지닌 테너 루치아노 파바로티
성공하기 위해 경쟁해야 하는 상대는 바로 나 자신이다 … **117**
+메시지: 인생은 소중한 선물이다

생각대로 ⑪ | 조막손으로 노히트 노런을 기록한 야구선수 짐 애보트
희망이 사라질 때까지 결코 불가능이란 없다 ……………… **127**
+메시지: 꿈꿀 수 있는 권리를 포기하지 마라

생각대로 ⑫ | 평생을 바쳐 천리포수목원을 가꾼 민병갈
인생은 길어야 백 년이다 …………………………………… **139**
+메시지: 한 우물을 파되 물이 나올 때까지 파라

4부 마음먹은 대로 끝까지 해라

생각대로 ⑬ | 무일푼으로 갑부의 꿈을 이룬 록키 아오키
인생은 죽을 때까지 도전의 연속이다 …………………… **153**
+메시지: 느낌표가 수북한 청춘을 지켜라

생각대로 ⑭ | 홈리스에서 억만장자가 된 크리스 가드너
세상에서 가장 큰 선물은 자신에게 기회를 주는 삶이다 … **163**
+메시지: 시간은 인생의 동전이다

생각대로 ⑮ | 다큐멘터리 사진 거장 스티브 맥커리
네 인생의 소중한 것을 지켜라 ……………………………… **173**
+메시지: 이미 정한 약속은 갚지 않은 부채이다

생각대로 ⑯ | 주옥같은 단편소설을 남긴 오 헨리
　　자신이 가치 있다고 생각하는 일을 해라 ················· 183
　+메시지: 성공보다는 가치 있는 사람이 되라

5부 실행이 곧 전부다

생각대로 ⑰ | 스타벅스를 문화공간으로 만든 하워드 슐츠
　　남들이 가지 않은 길에 과감하게 도전하라 ·············· 195
　+메시지: 당신이 선택한 길이 모든 것을 바꾼다

생각대로 ⑱ | 신의 모습을 닮은 젊은 영혼 이태석 신부
　　사람이 할 수 있는 가장 아름다운 일은 사랑이다 ··········205
　+메시지: 삶을 바라보는 시선이 운명을 좌우한다

생각대로 ⑲ | 애니메이션의 아버지 월트 디즈니
　　꿈꾸는 것이 가능하면 꿈을 이루는 것도 가능하다 ········ 215
　+메시지: 생각을 바꾸면 인생이 바뀐다

생각대로 ⑳ | 세계적인 동물학자 템플 그랜딘
　　모자라는 게 아니라 다른 것이다 ······························223
　+메시지: 모든 것은 마음먹기에 달렸다

Chapter 1

모든 것은 자신의 신념에서 시작된다

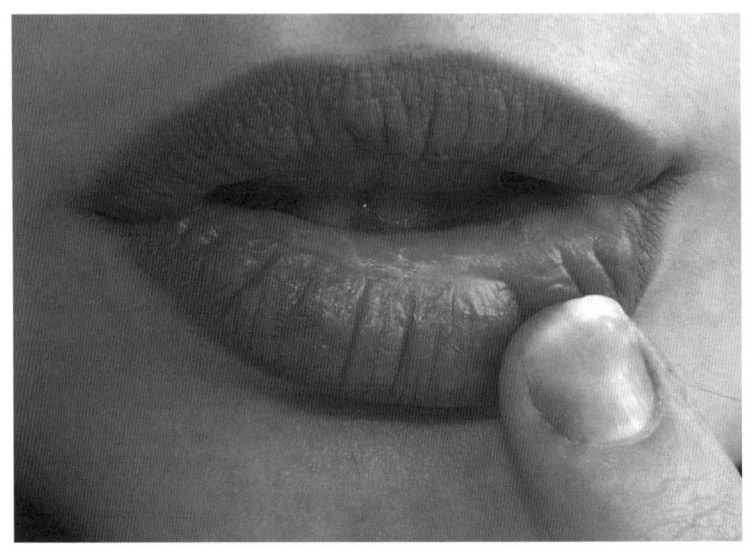

......

아름다운 입술을 가지고 싶으면
친절한 말을 하라.
사랑스런 눈을 갖고 싶으면
사람들에게서 좋은 점을 봐라.
날씬한 몸매를 갖고 싶으면
너의 음식을 배고픈 사람과 나누어라.

 생각대로 ① | **영화배우에서 유니세프 대사가 된 오드리 헵번**

자신의 의지와 생각대로
남을 돕는 손이 되어라

1929년 벨기에 브뤼셀의 한 병원.

아기를 업은 한 여인이 헐레벌떡 들어왔다.

"우리 딸이 며칠 전부터 심하게 기침을 합니다."

생후 3개월이 된 갓난아기였다. 눈도 제대로 뜨지 못하고 마른기침을 뱉어내는 아기는 한눈에 봐도 병색이 역력했다. 숙직 의사는 청진기로 이리저리 아기의 몸 상태를 체크했다.

"단순한 감기가 아닙니다. 백일해입니다."

"백일해요? 안 좋은 병인가요?"

"연령이 낮을수록 위험한 병입니다. 기관지 폐렴이나 폐에 공기가 들어가지 못하는 상태인 무기폐 등으로 이어질 수도 있고요. 이 아기는 조금 심각한 상태입니다."

의사의 말에 아기 엄마는 그 자리에서 주저앉고 말았다.

"선생님, 꼭 좀 살려주세요. 무슨 일이든 할 테니 제 아기만은 꼭 살려주세요."

다행히도 아기는 의사와 엄마의 극진한 보살핌 덕분에 극적으로 살아났다. 하지만 걸음마도 떼기 전에 죽음의 문턱을 넘었던 아기의 비극은 여기에서 끝나지 않았다. 아기가 건강하게 자라 열 살이 되었을 때 부모가 이혼하게 된 것이다. 나치의 추종자였던 아버지는 가족을 떠났고 아이는 할아버지 손에 맡겨졌다.

아이는 이때부터 오드리 헵번이라는 이름을 쓰게 되었다.

"난 발레리나가 될 거야."

오드리 헵번은 발레를 좋아하는 꿈 많은 소녀로 무럭무럭 자라났다. 하지만 170센티미터에 달하는 큰 키가 문제였다. 신체적인 조건으로 발레리나는 이룰 수 없는 꿈이 되었지만 무대에 서고 싶다는 그녀의 욕망은 멈출 수가 없었다.

헵번은 짐을 꾸려 영국으로 건너갔다. 연극과 영화에 출연하며 자신의 꿈을 향해 한 걸음씩 걸어갈 즈음 우연히 브로드웨이 연극 〈지지〉에 캐스팅이 되었다. 이 작품을 계기로 〈로마의 휴일〉에 출연할 수 있었다. 오드리 헵번의 데뷔작 〈로마의 휴일〉은 그녀를 일약 은막의 여왕으로 부상시켰다. 특히 '공주님의 사랑'이라는 동화 같은 주

제가 로마를 무대로 펼쳐지면서 숱한 여성의 가슴을 설레게 했다.

공주 역을 맡았던 오드리 헵번과 신문기자 역의 그레고리 팩은 외모뿐만 아니라 뛰어난 연기력으로 호평을 받았다. 이 작품으로 그녀는 소위 '헵번 스타일'이라는 숏커트 헤어스타일을 유행시키기도 했다. 이 영화는 운도 좋았다. 영국 왕실의 유명한 로맨스인 마가렛 공주와 타운젠드 대령의 비련이 이슈가 되고 있을 때 공개되어 화제가 되기도 했다. 특히 소원의 벽에서의 장면은 지금도 영화사에 길이 남을 명장면으로 꼽힌다.

이 작품으로 사람들의 시선을 사로잡은 그녀는 제7회 영국 아카데미 여우주연상과 제26회 미국아카데미와 제19회 뉴욕 비평가 협회상에서 여우주연상을 받으며 스타덤에 올랐다. 그후 〈사브리나〉, 〈전쟁과 평화〉, 〈티파니에서 아침을〉, 〈마이 페어 레이디〉, 〈언제나 둘이서〉, 〈백만달러의 사랑〉 등의 영화에 출연했다. 1989년에는 스티븐 스필버그가 메가폰을 잡은 영화 〈영혼은 그대 곁에〉에 우정출연으로 등장해 노익장을 과시하기도 했다. 이 영화는 오드리 헵번의 공식적인 마지막 작품이었다.

그리고 그녀에게는 제2막의 인생이 시작되었다.

그해 그녀는 유니세프 친선대사가 되었다. 우연히 참석한 기금모금 행사에서 자신의 영화배우 경력이 세상 사람들에게 관심과 신기함으로 남아 있다는 것을 알게 되었다.

"아직도 나를 잊지 않고 기억하는 사람이 많구나. 영화의 힘이란 정말 놀랍네."

그녀는 유니세프를 찾아갔다. 유니세프가 그녀를 원했던 것이 아니라 그녀가 먼저 유니세프에게 손을 내민 것이다. 헵번은 취임사에서 다음과 같이 말했다.

"제 자신이 2차 대전 직후 유니세프로부터 식량과 의약품을 지원받았기 때문에 유니세프가 얼마나 중요한 일을 하는가를 증언할 수 있습니다. 유니세프에 대한 감사와 신뢰의 마음은 평생 변하지 않았습니다. 앞으로도 그럴 겁니다."

전쟁 피해 아동의 구호와 저개발국 아동의 복지 향상을 목적으로 설립된 국제연합 특별기구인 유니세프는 백일해 때문에 죽음을 경험했던 오드리 헵번에게 숙명처럼 다가왔다.

60세를 바라보는 나이에 유니세프가 원하는 곳이면 어디든 달려갔다. 보수는 1년에 1달러뿐이었고 교통비와 숙박비 외에는 아무것도 제공되지 않았지만 그녀는 열정을 다해 헌신했다.

"오드리 헵번이 인기가 떨어지니까 별 쇼를 다하는구만."

"몇 달 저러다가 말겠지."

"자기가 아직도 앤 공주인 줄 아나 봐."

언론과 세상 사람들은 그녀의 행보를 곱지 않게 보았다. 과거의 은막 스타가 세상의 주목을 받고 싶어 하는 행동이라고 생각했다. 하지만 그녀는 발걸음을 멈추지 않았다. 굶주림과 병으로 죽어가는 어린이들의 슬픈 현실을 세상에 알렸다. 곤경과 죽음에 처한 아이들을 차마 외면할 수 없었다. 그건 죄악이라고 생각했다.

그녀의 발길은 아프리카 전 지역을 비롯해 방글라데시, 엘살바도

르 등 50여 곳이 넘게 이어졌다. 비행기를 타고 버스로 이동하는 힘난한 여정이었지만 백발의 노구를 이끌고 걸어가는 그녀의 발걸음은 거침이 없었다.

"어린이 한 명을 구하는 것은 축복입니다. 어린이 백만 명을 구하는 것은 신이 주신 기회입니다."

그녀의 끝없는 행보에 언론과 사람들의 시선도 달라지기 시작했다. 병에 걸린 아이들을 스스럼없이 만지고 고통 앞에 눈물을 흘리는 장면이 전 세계인의 가슴을 울렸다. 각국에서 구호물자와 기부금이 모이기 시작했다.

"저게 뭐지요?"

1992년 소말리아를 방문했을 때 마을 공터 구석에 놓여 있는 수많은 자루꾸러미를 보았다. 호기심 어린 눈으로 원주민에게 웃으며 물었을 때 그녀는 귀를 의심할 만한 이야기를 들었다. 그건 다름 아닌 아이들의 시체였다.

"오 마이 갓."

오드리 헵번은 강한 충격을 받았다. 그녀는 그 자리에 주저앉아 두 손을 모았다. 눈에서 하염없이 눈물이 쏟아졌다. 그 순간부터 오드리 헵번은 소말리아에 대해 더욱 강한 애착을 가지게 되었다. 그리고 언론을 향해 소말리아 어린이들에게 더 많은 구호의 손길을 달라고 호소했다.

하지만 사람들은 몰랐다. 이 소말리아 방문이 그녀의 건강을 더욱 악화시켰다는 것을. 사실 헵번은 소말리아를 방문하기 전부터 건강이 좋지 않았다. 그녀도 그것을 알고 있었다. 하지만 자신의 건강 때문에 소말리아 방문이 취소되는 것이 두려워 아무한테도 이야기하지 않았던 것이다. 그녀는 아랫배에 강한 통증을 느낄 때마다 진통제를 맞으며 모든 일정을 소화했다.

그리고 그해 11월 오드리 헵번은 직장암 말기 진단을 받았다. 명망 있는 의사들이 앞다퉈 그녀를 살려보겠다고 나섰지만 결과는 좋지 않았다.

"선생님, 죄송합니다. 최선을 다했지만 암이 워낙 온몸에 넓게 퍼져 있어서…."

오드리 헵번은 고개를 떨군 의사의 손을 잡으며 말했다.

"괜찮아요. 저한테 미안해하실 것 없어요. 이게 제 숙명인걸요. 그래, 신이 제게 주신 시간이 얼마쯤 남았지요?"

"한 3개월쯤 남았습니다."

"3개월이라… 고향에서 가족들과 함께 보낼 시간은 충분하군요."

오드리 헵번의 암 소식이 알려졌을 때 누군가가 물었다.

"당신은 왜 자신을 희생하면서까지 아이들을 돕는 거죠?"

오드리 헵번이 대답했다.

"이것은 희생이 아닙니다. 희생은 자신이 원하지 않는 것을 위해 자신이 원하는 것을 포기하는 걸 의미하기 때문입니다. 이것은 희생이 아닙니다. 오히려 내가 받은 선물입니다."

오드리 헵번은 은퇴 후 오랫동안 살았던 스위스 집으로 돌아와 가족들과 함께 생의 마지막 시간을 보냈다. 마침 크리스마스가 돌아왔다. 그녀는 가족들을 불러 모았다.
"내가 좋아하는 시가 있어. 한번 들어보렴."
그녀는 유언처럼 시를 읊기 시작했다.

아름다운 입술을 가지고 싶으면
친절한 말을 하라.
사랑스런 눈을 갖고 싶으면
사람들에게서 좋은 점을 봐라.
날씬한 몸매를 갖고 싶으면
너의 음식을 배고픈 사람과 나누어라.
아름다운 머리카락을 갖고 싶으면
하루에 한 번 어린이가 손가락으로
너의 머리를 쓰다듬게 하라.
아름다운 자세를 갖고 싶으면
결코 너 혼자 걷고 있지 않음을 명심하라.
사람들은 상처로부터 복구되어야 하며
낡은 것으로부터 새로워져야 하고
병으로부터 회복되어져야 하고
무지함으로부터 교화되어야 하며
고통으로부터 구원받고 또 구원받아야 한다.
결코 누구도 버려서는 안 된다.
기억하라.

만약 도움의 손이 필요하다면
너의 팔 끝에 있는 손을 이용하면 된다.
네가 더 나이가 들면
손이 두 개라는 걸 발견하게 된다.
한 손은 너 자신을 돕는 손이고
다른 한 손은 다른 사람을 돕는 손이다.

크리스마스를 보내고 채 한 달도 되지 않은 1993년 1월 20일, 그녀는 눈을 감았다. 향년 63세였다. 그날은 미국의 빌 클린턴 대통령이 취임식을 하던 날이었지만, 그녀의 사망 기사가 클린턴 대통령 취임 기사보다 먼저 다루어졌다.

그를 조문한 엘리자베스 테일러는 이렇게 말했다.

"하늘이 가장 아름다운 새 천사를 갖게 됐다."

티파니 보석가게는 일간지에 광고를 싣고 전 세계의 매장에 다음과 같은 글을 붙였다.

—오드리 헵번. 1929~1993. 우리의 영원한 친구. 티파니 사.

유엔과 민간단체 '세계평화를 향한 비전'Global Vision for Peace은 장기간 유니세프 친선대사로 활동하며 인류애를 실천한 그녀를 기리기 위해, 2004년 2월에 '오드리 헵번 평화상'을 제정했다.

그녀는 한 인터뷰에서 이렇게 말했다.

"하루를 그냥 살아서는 안 됩니다. 하루를 소중하게 여기며 살아야 합니다. 우리는 대부분 살아 있다는 것이 얼마나 아름다운지 감사하지 않고 표면적으로 아무 생각 없이 살아간다는 것을 저는 깨달았습니다."

　오드리 헵번은 은막의 스타였을 때도 유독 빛나는 별이었다. 하지만 자신의 의지와 생각대로 남을 돕는 손이 되었을 때 더욱 커다란 별이 되어 사람들의 가슴속에 영원히 남았다.

남을 돕는 것은 자기 자신을 돕는 것이다

1998년 하버드 의대 교수가 학생들에게 흥미로운 실험을 했다.
"먼저 두 그룹으로 나누겠네."
교수는 학생들에게 해야 할 일을 알려주었다. 한 그룹은 대가가 주어지는 일을 하게 하고 다른 그룹에게는 아무런 대가 없는 봉사활동을 하게 했다. 학생들은 자신이 하는 일이 무엇인지 몰랐다.
며칠 후 교수는 학생들의 면역 항체 수치를 조사했다.
"예상은 했지만 이럴 수가…"
교수는 자신의 눈을 의심했다. 면역 항체 수치를 조사한 결과 무료로 봉사한 학생들에게서 나쁜 병균을 물리치는 항체가 월등히 높아진 것이 발견된 것이다.

몇 달 후 교수는 마더 테레사 수녀의 일대기를 담은 영화를 학생들에게 보여주는 실험을 했다. 그리고 다시 측정했다. 이번에도 놀라운 현상이 일어났다. 이 영화를 본 학생들은 혈압과 콜레스테롤 수치가 현저히 낮아지고 엔돌핀이 정상치의 2배 이상 증가하여 몸과 마음에 활력이 넘친다는 사실을 알았다.

교수는 남을 돕는 활동을 통해 일어나는 정신적, 신체적, 사회적인 변화에 대해 헬퍼스 하이 Helper's High라고 이름을 붙였다. 이는 '마더 테레사 효과'라고도 하고 '슈바이처 효과'라고도 한다.

실제로 남을 돕거나 봉사하면 심리적 포만감 즉 '헬퍼스 하이'가 최고조에 이른다. 결국 남을 돕는 것은 자기 자신을 돕는 것이다.

......

네 인생을 만족시킬 단 한 사람은
너 자신뿐이란다.
네 엄마나 나 또한 더는 문제가 되지 않는단다.
우리를 기쁘게 만들려 하지 말거라.
명심하거라.
네가 생각할 것은 오직 너 자신에게만
질문하고 대답하는 일이란다.

생각대로 ② | **세계 오지에 3000개의 도서관을 지은 존 우드**

마음먹으면 바로
행동에 옮겨라

"빌 게이츠와 함께 일한 지도 벌써 7년이 되었네."

마이크로소프트라는 튼튼하고 안정적인 직장에 다니던 존 우드는 네팔행 비행기 안에서 자신의 과거를 돌아봤다. 노스웨스턴 대학교의 켈로그경영대학원을 졸업하고 MS 사에 취직했다. 호주를 거쳐 중국지사에 근무하며 서열 2위까지 오른 촉망받는 30대 이사. 엄청난 연봉이 그의 통장으로 들어왔다. 좋은 집과 멋있는 차, 예쁘고 능력 있는 여자친구도 있었다. 하지만 마음속은 어딘가 늘 허전했다.

"이 허전함은 대체 뭐지?"

공항에 내린 존 우드는 히말라야 트레킹을 시작했다. 세계의 고산

들이 모여 있는 네팔은 그가 오랫동안 꿈꾸던 여행지였다. 저 멀리 만년설이 보였다. 문명의 이기가 끼어들지 않은 맨땅을 밟을 때마다 고단한 심신이 녹아내리듯했다.

'세상의 모든 평화와 행복이 이곳에 있구나.'

성공과 명예만을 목표로 숨가쁘게 달려온 두 어깨가 이 거대하고 위대한 자연 앞에서 왠지 가벼워졌다.

존의 일행은 굴뚝에서 하얀 연기가 피어나는 한 마을에 들렀다. 아이들과 가축들이 뛰어다니고 여인들은 쪼그리고 앉아 밭일을 하고 있었다. 저 아래에서는 지게를 진 남정네들이 시끄럽게 떠들며 언덕길을 올라오고 있었다. 즐겁고 행복한 모습이었다. 존은 사내들을 향해 달려갔다.

"죄송하지만 이곳으로 전화를 걸어주시지 않겠습니까? 보수는 두둑이 드리겠습니다."

존은 너무 바쁘게 출발한 나머지 중요한 이메일 보내는 것을 깜빡했다. 그래서 비서에게 전화를 걸어 대신 일을 처리해야만 했다. 존은 전화번호와 이름이 적힌 쪽지를 한 사내에게 건넸다.

"죄송하지만 저는 글을 모릅니다."

"글을 모르다니요?"

그때 한 초로의 남자가 끼어들었다.

"전 요 아래 학교의 교장입니다. 네팔에는 글을 모르는 사람이 많습니다. 부끄러운 사실이지만 네팔이 세계에서 가장 높은 문맹률 국가이거든요."

존 우드는 충격을 받았다. 사내는 존 우드를 웃으며 쳐다보았다.
"괜찮으시다면 저와 함께 가시겠습니까?"
"어디로 말입니까?"
"여기에서 3킬로미터쯤 가면 제가 교장으로 있는 학교가 있습니다. 거기에 전화가 있습니다. 직접 거시는 게 좋을 것 같습니다. 이 동네에는 전화 있는 곳이 없거든요."

존 우드는 교장을 따라 학교로 갔다. 낡고 작은 학교였다. 다행히 전화가 연결되었다. 일을 무사히 마친 존은 이곳저곳 학교를 둘러봤다. 아무리 살펴봐도 그가 찾는 곳은 보이지 않았다. 존이 조심스럽게 물었다.

"근데 이 학교에는 도서관이 없나요?"
"도서관 없는 학교가 어딨습니까? 우리 도서관은 이 근처 학교 중에서도 가장 큽니다. 저를 따라오시죠."

존은 그곳에서 또 한 번 깜짝 놀랐다. 근처에서 가장 큰 학교 도서관이라는데 책이 스무 권 정도밖에 없었다. 존의 표정이 금세 굳어졌다. 어떻게 해야 할지 몰랐다. 존이 입을 떼려는 순간 교장이 먼저 입을 열었다.

"존 우드 씨라고 했나요? 보시다시피 여기 있는 책이 다입니다."
"그래도 이건⋯."
"부탁이 하나 있습니다, 우드 씨. 이곳에 다시 오면 책을 가져다주지 않겠습니까? 이곳은 아이들이 볼 책이 필요합니다. 열 권, 아니 두서너 권이라도 좋으니 말입니다. 전화비라고 생각하시고 꼭 좀 부탁드리겠습다."

존 우드는 교장의 진심 어린 부탁에 고개를 숙였다.

"네, 꼭 그렇게 하겠습니다."

이 작은 만남으로 인해 존 우드의 삶의 방향이 완전히 바뀌었다. 존은 어릴 때부터 책을 가까이 했고 좋아했다. 할머니와 부모님 덕분이었다.

"존, 책을 갖고 있으면 절대로 외롭지 않단다."

존 우드의 머릿속에는 비행기를 타고 올 때부터 들었던 허전함의 정체가 서서히 걷히는 것이 보였다.

"그래. 어쩌면 이게 내가 앞으로 해야 할 일일지도 몰라. 내가 네팔을 온 게 아니라 네팔이 날 부른 거야. 우리 MS의 사훈이 뭐였지? '크게 행동하라, 아니면 집에 가라'였지. 마음먹으면 바로 움직여야 해. 그게 바로 나, 존 우드라는 남자이지."

우드는 미국으로 돌아와 100명이 넘는 지인에게 이메일로 네팔의 사정을 전했다. 그리고 책 기부를 부탁했다.

"존, 자네와 꼭 어울리는 일을 하고 있군."

"마침 우리 집에 200권 정도의 책이 있네."

지인들은 그의 사연에 감동해 책을 보내주었다. 책을 모아 보니 무려 3천 권이 넘었다.

'난 돈 많고 부유한 미국에서 태어났어. 그래서 좋은 교육을 받을 수 있었지. 만약 이곳에서 태어났다면 난 그 기회를 얻지 못했을 거야. 기회는 누구에게나 공평하게 주어져야 해.'

존은 그렇게 모은 책 중 일부를 교장과의 약속대로 네팔의 학교에 보냈다. 며칠 후 교장으로부터 고맙다는 답장이 왔다. 하지만 존의 머릿속과 마음속에는 다른 생각이 꿈틀거리고 있다.

'한번도 남을 위해 내 가능성을 확인해 본 적이 없었어. 내가 보여줄 수 있는 능력과 앞으로 보여줄 능력이 얼마나 대단한가를 알아가는 것에 겁낼 필요가 없어. 책만 보내서는 안 돼. 그걸 수용할 공간이 필요해. 아이들이 자유롭게 와서 책을 읽고 공부할 수 있는 공간. 도서관을 지어야겠어.'

존은 한번 마음먹으면 바로 행동에 옮기는 실천가였다. 하지만 현실적인 어려움이 있었다. 일에 전념하기 위해서는 직장을 계속 다닐 수 없었다. 여러 사람을 만나야 했고 기부도 받아야 했다. 고액 연봉과 밝은 미래, 어쩌면 안정된 결혼 생활을 원하는 여자친구와도 헤어질지도 몰랐다. 그때 어린 시절 아버지가 해줬던 말이 떠올랐다.

"네 인생을 만족시킬 단 한 사람은 너 자신뿐이란다. 네 엄마나 나 또한 더는 문제가 되지 않는단다. 우리를 기쁘게 만들려 하지 말거라. 명심하거라. 네가 생각할 것은 오직 너 자신에게만 질문하고 대답하는 일이란다."

존은 아이들의 밝은 모습과 해맑은 눈동자를 잊을 수 없었다. 고민에 고민을 거듭한 끝에 존은 개발도상국에 도서관을 짓기로 했다. MS 사에도 사표를 냈다. '룸 투 리드'(Room to read)라는 NGO 단체를 결성한 후 흔들리지 않겠다는 생각으로 다섯 가지 원칙을 정하고 그에 따라 사람을 만났다.

첫째. 베푸는 즐거움을 알려준다.
둘째, 결과를 후원자에게 보여준다.
셋째, 최소한의 경비를 쓴다.
넷째, 열정을 판다.
다섯째, 사람들은 가치 있는 일을 돕는 것을 좋아한다.

존은 지금까지 네팔, 베트남, 인도, 아프리카 등 개발도상국 아이들을 위해 150만 권의 도서를 기증하고 300개의 도서관을 건립했다. 신념과 의지가 없으면 해낼 수 없는 일이었다.
"아이들에게 필요한 것은 포장지도 뜯지 않은 새책이 아닙니다. 자녀들이 커서 이제는 필요 없는 책, 그런 책이면 됩니다."
존의 진심 어린 호소는 여러 사람을 감동시켰다. 사람들은 자신의 집에 있는 책을 모아 존에게 보냈다. 동네 사람들이 가지고 있는 책을 모아 한꺼번에 보내는 열성적인 사람도 있었다. 하지만 존은 여기에서 만족하지 않았다.
―300개의 도서관으로는 안 돼. 더 많은 도서관을 짓자!
존은 2018년까지 빌 클린턴 재단과 협력하여 2만 개 이상의 도서관을 지을 예정이다. 그를 옆에서 지켜본 빌 클린턴은 '말보다는 행동하는 사업가'라고 존을 칭찬했다. 오프라 윈프리는 '세계를 변화시킨 20인 중 한 사람'이라고 치켜세웠다. 존은 신중함보다는 목표 달성에 집중했고 인생의 우선순위를 통해 스스로가 강해지기 위해 노력했다. 존은 자신의 생각과 신념대로 제2의 인생을 살고 있다. 그는 자신의 행동과 실천을 통해 전 세계인에게 다음과 같은 메시지를 던진다.

"룸 투 리드 재단사업은 수많은 사람과 함께 꾸는 꿈의 일부분일 뿐입니다. 내일은 다시 또 다른 소년 소녀를 위해 일할 것입니다. 앞으로 수천 개의 리본 커팅이 나를 기다리고 있을 것입니다. 개발도상국의 수백만 명의 어린이가 우리를 기다리고 있습니다. 그들이 너무 오래 기다리지 않도록 해야 합니다."

자신이 하는 일이 의미 있고 가치 있다고 생각하는 존 우드. 그의 생각과 신념은 전 세계 많은 아이에게 꿈과 희망을 나누어주고 있다.

 오늘만큼은 마음먹은 대로 던져라

"마운드에 올라 9이닝 동안 단 한 번도 상대편 타자가 1루를 밟지 못하게 하는 것은 모든 투수의 꿈이다."

2012년 6월 14일, 미국 프로야구 메이저리그에서 스물여덟 살의 맷 케인이 단 한 명의 타자도 1루에 출루시키지 않는 퍼펙트 게임을 달성했다. 확률상 9회 동안 안타를 허용하지 않을 확률은 1000분의 1 정도이고 퍼펙트 게임은 노히트 노런보다 40배나 어렵다. 1982년에 출범한 한국 프로야구는 2012년까지 퍼펙트 게임은 단 한 차례도 없었고 노히트 노런은 10번 있었다.

맷 케인의 퍼펙트 게임은 메이저리그 역사상 22번째이고, 샌프란시스코 구단 역사상 첫 번째 기록이다. 맷 케인은 인터뷰에서 이렇게 말했다.

"뭔가 특별한 기분이 드는지는 아직 잘 모르겠지만 기분이 좋은 것만은 확실하다. 오늘 마음먹은 대로 제구가 됐고 연습할 때도 리듬을 잃지 않았다. 빠른 볼을 던질 때도 어디로 들어갈지 알 수 있었고, 여하튼 오늘은 모든 게 마음먹은 대로 됐다."

무슨 일에 성공하기 위해서는 반드시 '그 일이 내가 마음먹은 대로 된다'는 믿음이 있어야 한다.

……

실수는 누구나 하는 거란다.
하지만 실수가 곧 실패는 아니야.
한 번의 실수 때문에 네가 여기서 모든 것을
포기한다면 넌 앞으로 실패한 인생을 살게 될 거야.
어때? 스스로에게 실수를
만회할 수 있는 기회를 주는 게?
그게 실수를 잊고 더 나은 모습으로
성장할 수 있는 기회와 원동력이 될 거야.

생각대로 ③ | **한국 최초의 수영 금메달리스트 마린보이 박태환**

실수는 하더라도
실패는 하지 마라

2004년 아테네올림픽 남자수영 400미터 예선 경기가 열리고 있는 오카 아쿠아틱 센터. 내로라하는 쟁쟁한 선수들이 가볍게 몸을 풀고 있었다. 관중은 자신들의 국기를 휘날리며 열심히 응원하고 있었다. 예선전임에도 불구하고 경기장 안은 열기로 가득 찼다. 그 속에는 이제 갓 열네 살이 된 앳띤 한국인 소년도 있었다.

"연습할 때처럼 하면 돼."

감독의 말이 떠올랐다. 소년은 떨리는 마음을 진정시키고 출발선에 올랐다.

'출발이 빨라야 해.'

소년의 머릿속에는 빨리 출발해야 한다는 생각이 가득했다. 0.01초 차로 승부가 갈리는 수영경기는 출발과 마지막이 중요하다는 것을 소년은 알고 있었다. 그동안 수많은 연습도 했다.

'자신 있어. 난 할 수 있어.'

소년은 네 살 무렵 천식을 앓은 적이 있었다. 천식은 폐 속에 있는 기관지가 아주 예민해지고 기관지가 좁아져서 숨이 차고 기침을 심하게 하는 일종의 알레르기 질환이다. 만성적인 경우가 많아 평생 천식을 지니고 살 수도 있었다.

"수영을 한번 시켜 보세요. 폐활량이 좋아져서 천식에 도움이 많이 될 겁니다."

어머니는 의사의 권유대로 어린 아들을 수영장으로 데려갔다. 아들은 처음에는 물을 무서워했지만 곧 물에 익숙해졌다. 수영에도 재미를 붙였다. 밥 먹을 시간이 지나도 물에서 나오지 않아 걱정이 될 정도였다. 자유형, 접영, 배영 등의 수영 기술에 재미를 붙인 소년은 승부욕도 강했다. 무엇보다 체력이 좋았다. 폐활량이 일반 성인의 4000cc보다 두 배 가까운 7000cc였고 부력도 탁월했다. 그것이 서울 대청중학교 3학년이던 소년이 국가대표로 선발되어 올림픽에 출전하게 된 이유였다. 한국 수영 사상 최연소 올림픽 대표였다. 국내의 수영팬들은 이 어린 소년의 데뷔 무대에 눈과 귀를 모았다.

스타트 총을 든 심판의 오른쪽 손이 번쩍 올려졌다. 이제 곧 출발이었다. 장내는 쥐 죽은 듯이 조용해졌다. 긴장되는 순간이었다.

"첨벙!"

그때 어이없는 일이 벌어졌다. 한 선수가 시작음이 울리기도 전에 물에 뛰어든 것이다. 부정출발. 사람들은 그 선수가 누구인지 궁금했다. TV 카메라가 물 속에서 나온 선수를 클로즈업했다. 그는 열네 살의 어린 한국 소년이었다. TV를 지켜보던 대한민국의 시청자들은 깊은 한숨을 쉬었다.

"도대체 연습을 어떻게 시킨 거야?"

"잔뜩 기대를 했는데 이게 뭐야?"

소년은 물 속에서 나오자마자 가방을 싸고 쓸쓸히 퇴장했다. 감독이 달려와 물었다.

"무슨 일이니?"

소년의 눈에는 눈물이 가득했다.

"심판의 '준비' 구령을 '출발'로 착각했습니다. 죄송합니다. 면목이 없습니다."

소년은 고개를 숙이고 화장실로 향했다.

"바보. 이런 멍청한 실수를 하다니."

소년은 화장실에 앉아 두 시간 동안이나 펑펑 울었다. 부끄럽고 억울했다. 감독님과 부모님 그리고 자신을 응원했던 이름 모를 국민에게 큰 죄를 지은 것 같았다.

어렵게 준비해서 올림픽까지 나왔지만 물살 한번 가르지 못하고 짐을 꾸려야 했던 어린 소년에게는 큰 생채기가 남았다. 그때부터 물과 사람이 싫어졌다. 무섭고 두려웠다.

"다시는 수영 따윈 하지 않겠어."

한동안 수영을 하지 못했다. 올림픽에서의 실수 장면이 머릿속에서 지워지지 않았다.

어느 날 부모님이 방에서 나오지 않는 어린 아들을 데리고 야외로 나갔다. 강가에 석양이 짙게 물들 무렵 어머니가 입을 열었다.

"아들, 이제 그만 잊어버려. 실수는 누구나 하는 거란다. 하지만 실수가 곧 실패는 아니야. 한 번의 실수 때문에 네가 여기서 모든 것을 포기한다면 넌 앞으로 실패한 인생을 살게 될 거야. 어때? 스스로에게 실수를 만회할 수 있는 기회를 주는 게? 그게 실수를 잊고 더 나은 모습으로 성장할 수 있는 기회와 원동력이 될 거야."

소년의 눈에서 하염없이 눈물이 쏟아졌다. 다음날부터 소년은 수영장에 다시 나갔다. 그리고 누구보다 더 열심히 연습했다. 어머니는 암과 투병하면서도 초시계를 들고 아들의 곁을 지켰다.

소년은 자신이 실수했던 장면을 피하지 않고 반복해서 봤다. 무엇이 잘못되었는지, 무엇이 필요한지 분석했다. 그리고 3년 뒤 소년은 멜버른 세계수영선수권 대회에서 당당하게 금메달을 목에 걸었다. 자유형 400미터에서 해킷 선수를 제친 소년이 동양선수로는 최초로 1위를 차지한 것이다. 그것도 스타트가 가장 빨랐다. 소년의 이름은 박태환. 마린보이 박태환의 신화는 그렇게 시작됐다. 그 후 박태환은 세계에서 가장 스타트가 빠른 선수 중 한 명이 되었다.

"똑같은 실수를 자꾸 저지르는 건 바보라고 생각합니다. 올림픽 실수 뒤에 정말 셀 수 없을 만큼 많은 출발 연습을 했습니다."

박태환은 하루도 연습을 거르지 않았다. 연습하고 또 연습했다. 단

점이 발견되면 반드시 노력해서 고쳤다. 기본기도 다시 다졌다. 처음 수영을 하는 마음으로 경기에 임했다. 2006년 아시안게임에서 3관왕을 차지하고 최우수선수상까지 받았지만 박태환의 꿈은 이미 세계를 향하고 있었다.

"올림픽에서 금메달을 꼭 목에 걸 거야."

드디어 2008년 베이징올림픽이 시작되었다. 소년의 머릿속에는 4년 전의 실수가 떠올랐지만 곧 지워버렸다. 귀에 이어폰을 끼고 음악을 들으며 심신을 안정시켰다.

'4년을 기다렸다. 그날의 실수를 만회할 기회가 온 거야.'

예선을 거쳐 결승에 오른 박태환은 8월 10일 베이징올림픽 수영센터의 출발선에 섰다. 외신들은 4년 전의 뼈아픈 기억을 끄집어냈다. 그리고 놀라움을 표시했다.

"4년 전에 부정출발로 탈락했던 선수입니다. 하지만 지금도 그의 나이는 겨우 열여덟 살에 불과합니다. 대한민국과 아시아는 이 소년을 주목합니다. 올림픽 역사상 최초로 아시아에서 금메달이 나올 수 있을지 기대됩니다."

관중석에서는 태극기가 휘날렸다. 박태환을 응원하기 위해 수많은 한국인이 경기장을 찾았고 국민도 TV를 찾아 모여들었다. 심판의 손이 천천히 올라갔다.

"탕."

출발신호와 함께 박태환은 힘차게 물에 뛰어들었다. 50미터를 도는 지점에서 박태환은 4위를 달렸다. 불안한 출발이었다. 하지만 두 번째 지점인 100미터를 돌 때는 2위로 치고 올라왔다.

"힘내라, 박태환!"

"대, 한, 민, 국! 짝짝짝 짝짝!"

경기장이 흥분의 도가니로 변했다. 박태환은 1위인 해킷을 제치며 앞으로 치고 나갔다.

"우와!"

전국이 들썩였다. 박태환은 이때부터 선두를 놓치지 않고 질주하기 시작했다. 물살을 헤치며 온 힘을 다하는 태환의 에너지가 그대로 전해졌다.

결승점에 손이 닿는 순간 박태환은 전광판을 확인했다.

3분 41초 86.

"금… 금메달입니다. 박태환 선수 금메달입니다!"

아나운서의 목소리에 감격과 눈물이 섞였다.

"아시아 최초로 수영 400미터에서 금메달을 땄습니다. 자랑스러운 박태환 선수. 자랑스러운 대한민국입니다. 4년 전의 실수를 이겨내고 결국 조국에 금메달을 안기는 역사적인 순간입니다. 흑….'

세계 유수의 언론은 박태환의 우승 소식을 앞다투어 전했다. 남자 자유형은 동양인에게는 불모지나 다름 없었다. 박태환의 올림픽 금메달은 세계 수영 역사에 길이 남을 대사건이었다. 박태환은 자유형 200미터에서도 수영황제 펠프스에 이어 은메달을 획득하여 베이징 올림픽에서 두 개의 메달을 목에 걸었다.

그 후 박태환은 올림픽 이후 심적 부담감 등의 이유로 심각한 부진에 빠져 2009년 로마 세계수영선수권에서 자유형 200미터, 400미터, 1500미터에서 모두 결선 진출에 실패했다. 충격이었다. 전신수영복에 적응하지 못한 것이 가장 큰 패배요인이었다. 하지만 2010년 1월 1일부터 전신수영복 금지 규정이 생기면서 다시 한 번 재기의 기회를 노렸다. 그리고 2010년 11월 14일 중국 광저우에서 열린 제16회 아시안게임 남자 200미터 자유형에서 자신이 가지고 있던 아시아 최고 기록을 0.05초 앞당기며 금메달을 땄다.

남자 400미터 자유형, 남자 100미터 자유형에서도 금메달을 획득했다. 이로써 2006년 도하 아시안게임에 이어 연속 3관왕이라는 대기록을 세우며 한국 수영사 최고의 대기록을 수립했다. 이 때문에 도핑검사를 여느 선수보다 많이 받았다. 이제 더는 아시아에서 박태환에게 대적할 상대가 없었다. 주목해야 할 것은 한 번의 실수를 값진 교훈으로 삼아 결국 승리를 쟁취했다는 사실이다.

"2004년의 실수는 나 자신을 단단하게 만드는 계기가 되었다. 그 때부터 내 목표는 올림픽 금메달이었다."

 실수는 온몸으로 껴안아라

"실수를 저질렀을 때 그것을 만회하려면 다음 세 가지 일을 해야 한다. 첫째 실수를 인정할 것. 둘째 실수로부터 배울 것. 셋째 실수를 반복하지 말 것."

앨라배마 대학 미식축구 코치인 폴 베어 브라이언트의 명언이다.

누구나 실수한다. 실수하지 않는 사람은 이 세상에 없다. 중요한 것은 실수를 반복하지 않는 것이다. 실수도 습관이 되기 때문이다. 실수했을 때 그 탓을 남에게 돌리지 않는 것이다. 시선은 남이 아닌 자신에게 향해야 한다.

브라이언트 코치는 이런 말도 했다.

"만약 모든 게 잘못되었다면 '내 탓이다', 그저 그렇다면 '우리가 한 일이다', 잘 되었을 때 '여러분 덕이다'라고 말할 수 있는 태도야말로 미식축구에서 승리를 거두는 데 중요한 요소다."

 실수했을 때는 먼저 거울을 들여다보라.
 그리고 온몸으로 그것을 껴안아라. '실수는 해도 실패는 하지 않는다'는 생각으로 하루하루에 충실하면 당신의 꿈과 목표에 가까워질 것이다.

......

그대가 원한다면 이 세상 끝까지 따라가겠어요.
하늘의 달이라도 눈부신 해라도 따다 바치겠어요.
그대가 원한다면 아끼던 나의 것 모두 버리겠어요.
비록 모든 사람이 비웃는다 해도 오직 당신만 따르겠어요.
그러다가 운명의 신이 당신을 뺏어간다 해도
그대만 날 사랑한다면 영원에라도 가겠어요.

생각대로 ④ | **영화처럼 살다 간 샹송의 여왕 에디트 피아프**

목숨을 걸지 않으면 꿈을 이룰 수 없다

 1947년 10월 27일, 시합을 마친 프로복싱 세계 챔피언 마르셀 세르당은 파리발 뉴욕행 비행기에 올랐다.
 "잠시 후 비행기가 이륙할 예정입니다. 안전벨트를 확인하시고…."
 승무원의 안내 멘트가 흘러나오자 세르당은 천천히 눈을 감았다. 잠시 후면 자신이 사랑하는 여인을 만날 수 있다는 기쁨에 온몸이 떨려왔다. 빨리 보고 싶다며 배가 아니라 비행기로 오라고 했던 연인을 생각하자 벌써부터 가슴이 두근거렸다.
 작고 귀여운 연인이었다. 무엇보다 듣는 이의 가슴을 파고드는 연인의 애절한 노래 소리는 세상 무엇과도 바꿀 수 없는 귀중한 보물이었다. 하지만 세르당은 그토록 바라던 여인을 만날 수 없었다.

―속보. 뉴욕행 비행기가 대서양 상공에서 추락. 승무원과 탑승자 전원 사망.

뉴욕에서 공연 중이던 세르당의 연인은 이 청천벽력 같은 소식에 다리가 풀려 그만 주저앉고 말았다. 극심한 고통이 밀려왔다. 이브 몽땅을 비롯한 수많은 연인 중에서 세르당은 그녀가 가장 사랑했던 사람이었다.

"비행기로 오라고 했던 게 잘못이야."

그녀는 한동안 깊은 슬픔에 잠겼다. 밥도 먹지 않고 바깥 출입도 하지 않았다. 밤에는 잠을 이룰 수가 없었다. 그렇게 몇 개월이 흘렀다. 그녀는 극심한 고통을 이겨내고 돌아와 자신의 대표적인 히트곡이 된 명곡을 발표했다. 그녀의 이름은 에디트 피아프, 노래의 제목은 〈사랑의 찬가〉였다.

하늘이 무너져버리고 땅이 꺼진다 해도
그대가 날 사랑한다면 두려울 것 없으리.
캄캄한 어둠에 싸이며 세상이 뒤바뀐다 해도
그대가 날 사랑한다면 무슨 상관이 있으리오.
그대가 원한다면 이 세상 끝까지 따라가겠어요.
하늘의 달이라도 눈부신 해라도 따다 바치겠어요.
그대가 원한다면 아끼던 나의 것 모두 버리겠어요.
비록 모든 사람이 비웃는다 해도 오직 당신만을 따르겠어요.

그러다가 운명의 신이 당신을 뺏어간다 해도
그대만 날 사랑한다면 영원에라도 가겠어요.

무대 위에서 〈사랑의 찬가〉를 부르는 피아프의 얼굴에 눈물이 흘러내렸다. 이를 숨죽여 지켜보던 관객들의 눈에서도 하염없이 눈물이 쏟아졌다.

그건 노래라기보다는 절규에 가까웠다. 사랑하는 사람에 대한 그리움이 절실하게 묻어 있는 이 곡은 듣는 사람으로 하여금 저절로 눈물을 흘리게 하는 마력이 있었다. 샹송 역사상 가장 유명한 노래가 된 〈사랑의 찬가〉를 부르며 에디트 피아프는 가난하고 불우했던 어린 시절을 회상했다.

1925년 파리의 노동자 거리인 벨베이르에서 만삭의 여인이 쓰러져 있었다.

"아기가… 아기가 나오려고 해요."

그때 마침 길을 가던 중년 부인이 여인을 발견하고는 달려왔다.

"얼른 제게 업히세요. 병원으로 가야 해요."

"양수… 양수가 터졌어요."

부인은 놀란 눈으로 여인의 치마 쪽을 쳐다봤다. 여인의 말대로 양수가 터져 곧 아기가 나오려고 했다.

"부인 힘을 더 줘봐요. 아기가 곧 나오려고 해요."

잠시 후 아기가 힘찬 울음을 터뜨리며 세상 밖으로 나왔다. 작고 까만 여자 아이였다.

"오, 하나님. 감사합니다."

피아프는 그렇게 길에서 태어났다. 태어날 때부터 비극적이었던 시작은 여기에서 멈추지 않았다. 그녀가 태어난 지 생후 2개월 만에 어머니가 세상을 떠났고 아버지마저 전쟁터로 떠났다. 혼자 내버려진 그녀는 외할머니에게 맡겨졌다. 세 살 때 피아프는 뇌막염의 합병증으로 실명했으나 4년 후 시력을 되찾기도 했다. 어린 아이가 혼자서 겪기에는 힘든 순간이었다.

몇 년 후 전쟁터에서 아버지가 돌아왔다. 하지만 그에게는 돈을 벌 능력도 의지도 없었다. 곡예사였던 아버지는 어린 피아프를 끌고 거리로 나갔다.

"네 어머니가 떠돌이 가수였을 때 우린 만났지. 다른 건 몰라도 노래 하나는 기가 막히게 잘했어. 너도 그 피를 물려받아 노래를 정말 잘하는구나. 여기에서 노래를 부르렴. 그럼 사람들이 우리에게 돈을 줄 거야."

이렇게 피아프는 거리에서 노래를 부르기 시작했다. 하지만 그 작은 돈으로 부녀가 생활을 꾸려가기에는 턱없이 부족했다. 먹을 것을 제대로 먹지 못해 영양실조에 걸리기도 했고 실명위기에 이른 적도 있었다.

"이렇게 살다간 곧 죽을 거야."

죽음의 문턱에서 헤매고 있을 때 구원의 손길이 다가왔다.

"지금 몇 살이니?"

"열다섯 살이에요."

"노래를 아주 잘하는구나. 우리 카바레에서 노래를 해보지 않으련? 보수는 지금보다 더 나을 거야."

그렇게 해서 피아프는 카바레에서 노래를 부르기 시작했다. 140센티미터의 왜소하고 작았던 그녀는 이때부터 '작은 참새'라는 뜻의 에디트 피아프라는 예명을 쓰게 되었다. 사랑하는 사람도 만났다. 상대는 같은 직장에서 일하는 바텐더였다. 행복하고 따뜻한 순간이었다. 하지만 행복은 지속되지 않았다. 그녀는 곧 버림받았다. 남편은 그녀를 버리고 다른 여자와 함께 도망갔다. 아이와 홀로 남은 피아프는 더는 직업을 구할 수가 없었다.

"어린 아이가 딸린 가수를 누가 좋아하겠어?"

이제 피아프가 할 수 있는 일은 아무것도 없었다.

어느 날 아기가 아파 사경을 헤맸다.

"아기를 꼭 살려야 해."

하지만 돈이 없었다. 이제 피아프가 선택할 수 있는 일은 몸을 파는 것밖에 없었다. 피아프는 터져나오는 입술을 깨물고 상제리제 거리에서 호객행위를 하며 남자들에게 돈을 받고 몸을 팔았다. 힘들고 무서울 때마다 아기와 자신의 꿈을 생각하며 참고 또 참았다.

"목숨을 걸어야 해. 목숨을 걸지 않으면 내 꿈을 이룰 수 없어. 아이도 살릴 수 없고 가수도 될 수 없어. 참자. 참고 또 참자. 언젠가는 반드시 좋은 날이 있을 거야. 모든 게 내가 생각한 대로 된다고 믿고 생각해야 돼."

피아프는 밤마다 아기를 보며 피눈물을 흘렸다. 그날 이후 그녀는 세상이 얼마나 무섭고 잔혹하고 불공평한 곳인지 알게 되었다. 하지만 마음속에서는 슬픔과 고뇌와 절망이 영혼을 향해 몸부림쳤다. 한을 토해내는 듯한 피아프의 노래를 들은 사람들은 저절로 눈물을 흘릴 정도였다.

1935년 피아프는 극장에서의 첫 공연을 가졌으며 몇 년 후 파리의 대형 음악 홀에서 노래했다. 제2차 세계대전 동안 프랑스의 전쟁포로들을 위한 위문공연만을 고집했으며 그들의 탈출을 여러 차례 돕기도 했다. 그동안 숱한 사랑도 했다. 프랑스의 유명 가수이자 〈고엽〉으로 유명한 이브 몽땅은 그의 제자였으며 연인이었다. 하지만 그는 피아프를 버리고 마릴린 먼로와 사랑에 빠졌다.

이브 몽땅을 만나 사랑에 빠졌던 피아프는 불후의 명곡인 〈장미빛 인생〉을 불과 15분 만에 만들기도 했다. 이 노래는 영화 〈사브리나〉에서 오드리 헵번이 불렀고 루이 암스트롱이 리메이크했다. 숱한 세월이 지났음에도 이 노래는 전 세계의 수많은 가수가 부르는 명곡이 되었다. 그밖에 〈파리의 기사〉, 〈빠담 빠담〉 등으로 디스크 대상을 받기도 했다.

피아프는 죽기 전 마지막 무대에 올라 노래를 부르다 쓰러졌다. 관객들이 놀라 일어나고 스태프들이 달려왔다.

"피아프, 괜찮아요?"

"어… 어…."

그녀는 말을 잇지 못했다.

"병원으로 가야 해요. 이제 노래 부르는 것은 무리예요."

피아프는 피아노 레그를 붙잡고 일어났다.

"난 끝까지 부르겠어. 이 무대를 마쳐야 해."

"하지만 지금 당신은…."

"이건 내 무대라고. 내 스스로 마쳐야 해."

그녀는 일어나 끝까지 노래를 불렀다.

피아프는 결국 1963년 10월 11일 세상을 떠났다. 장 폴 샤르트르를 비롯한 수많은 작가와 예술가가 그녀의 죽음에 애도를 표했다. 그녀가 떠난 지 꼭 한 달 뒤에 장 콕토는 임종하면서 다음과 같은 말을 남겼다.

"나는 피아프보다 더 영혼을 아끼지 않는 사람을 본 적이 없다. 그녀는 아낌없이 영혼을 써버렸다. 그녀는 창문으로 황금을 던지듯 그것을 써버렸다."

목숨을 걸고 가수가 되고 돈을 벌어 아이에게 좀 더 좋은 세상을 보여주려 했던 샹송의 여왕은 그렇게 사람들의 기억 속에 오랫동안 남게 되었다. 자신이 목숨을 걸고 이룬 열정과 영혼을 남긴 채.

 사랑을 하려거든 목숨 바쳐라

1990년대 대학가에 유행했던 노래가 있다.

사랑을 하려거든 목숨 바쳐라
사랑은 그럴 때 아름다워라
술 마시고 싶을 때 한 번쯤은
목숨을 내놓고 마셔 보아라.

20대라면 목숨을 바쳐 사랑도 해보고 술도 마셔 봐야 한다. 무엇인가를 얻기 위해 혹은 무엇인가를 이루기 위해서는 미쳐야 한다. 몰입의 경지에 빠져 자신을 내던져 봐야 한다. 불광불급(不狂不及)이라는 말이 있다. 미치지 않으면 미칠 수 없다.

   3, 40대라면 자신의 일에 한 번쯤은 미쳐야 한다. 자기 일에 혼을 바친다는 마음으로 끊임없는 정진을 한다면 놀라운 성과를 이룰 수 있다.

   자신 속에 숨어 있는 '광기'를 끄집어내 보자.

   독하고 끈질기게!

Chapter 2

내가
바뀌지 않으면
아무것도
변하지 않는다

......

제가 아직 팔과 다리를
갖게 해달라고 기도하느냐고요?
제가 아직도 팔다리를 갖고 싶어하느냐고요?
네, 사실 그렇습니다.
하지만 신이 주시지 않는다고
해도 크게 실망하지 않을 겁니다.
절대로 포기하지 말라는 말을 하고 싶습니다.
희망을 가져야 합니다.

생각대로 ⑤ | **희망전도사 닉 부이치치**

백 번이라도 다시
일어나기 위해 노력해라

"제 이름은 닉 부이치치입니다. 태어날 때부터 팔다리가 없었습니다. 왜 이런 모양으로 태어났는지 의학적으로는 설명이 되지 않습니다. 저에게는 발이 하나 있습니다. 발가락이 두 개 달려 있지요. 이 발가락으로 1분에 43개의 단어를 키보드로 칠 수 있습니다. 대학도 갔습니다. 회계학과 재무관리를 복수 전공했습니다. 졸업하고 나서는 부동산 관련 일을 했습니다. 그동안 저는 38개의 나라를 다니며 2000번이 넘는 강연을 했습니다. 전 사람들을 안아주는 것을 너무 좋아합니다. 35만 명 정도의 사람을 포옹했습니다. 60분 동안 1742번을 포옹해 세계 기록에도 올랐습니다."

2010년 한국을 방문한 '희망전도사' 닉 부이치치의 강연회에는 수많은 사람이 모여들었다. 특히 아주대 강연회에서는 아찔한 일이 발생했다. 닉이 자신을 소개하던 도중에 중심을 잃고 옆으로 쓰러진 것이다. 갑작스런 돌발사태에 청중과 관계자들은 당황했다.

"이를 어째!"

"우리가 가서 도와줘야 하는 거 아니야?"

여기저기서 웅성거리는 소리가 들려왔다. 닉은 머리에 달린 마이크로 청중에게 말했다.

"여러분이 보시는 것처럼 저는 지금 넘어져 있습니다. 아쉽게도 제게는 팔이 없어 일어날 수가 없군요. 만약 제가 일어서려고 노력하지 않는다면 저는 결코 일어날 수 없을 것입니다. 어렸을 때도 마찬가지였습니다. 자리에서 넘어지면 저는 일어설 수 없었죠. 그것은 매우 절망스럽고 비참한 경험이었습니다. 그러던 어느 날, 저는 혼자 힘으로 일어서겠다고 결심했습니다. 물론 그 일은 쉽지 않았어요. 아니, 정확하게 말하자면 마치 죽을 만큼 힘들었죠. 하지만 저는 포기하지 않았고 계속해서 노력했습니다. 그리고는 마침내 일어설 수 있게 되었습니다."

닉은 얼굴과 머리를 바닥에 대고 자신의 모든 몸을 이용하여 마침내 똑바로 일어섰다.

"짝짝짝!"

"짝짝짝!"

강연장에는 박수가 쏟아졌다. 여기저기서 흐느끼는 소리도 들렸다. 닉의 말이 이어졌다.

"혹시 여러분도 넘어져 있다고 느끼십니까? 그렇다면 일어서십시오. 포기만 하지 않는다면 누구라도 일어설 수 있습니다. 두 팔과 다리가 없는 제가 일어설 수 있다면 팔다리가 있는 여러분은 훨씬 더 놀라운 일을 할 수 있을 것입니다."

감동적인 그의 강연은 TV뿐만 아니라 인터넷에서도 큰 화제를 몰고 왔다. 전 세계인이 그의 모습을 보고 감동 어린 찬사를 보냈다.

1982년 호주 멜버른에서 목사의 아들로 태어난 닉은 테트라-아멜리아 신드롬$^{Tetra-Amelia\ syndrom}$으로 양팔과 양다리 없이 발가락 두 개가 달린 작은 왼발만 가졌다.

여덟 살이 되고 초등학교에 들어가기 전까지 닉은 자신이 사람들과 다른 몸을 가지고 태어났다는 사실을 몰랐다.

"악! 괴물이다!"

"사람이야, 짐승이야?"

"외계인이 강림하셨군."

학교에 가 보니 친구들이 놀렸고 그때서야 형과 누나 가족 모두 두 팔다리가 있다는 것을 알았다. 휠체어에 탄 닉은 자신이 한없이 부끄럽고 흉측해 보이기 시작했다.

"엄마, 나는 왜 다른 아이들처럼 손과 발이 없는 거예요?"

닉은 절망에 빠졌다. 그때 처음으로 죽음을 생각했다. 모두가 잠든 밤 닉은 엉금엉금 기어가 힘겹게 화장실 문을 열었다. 그리고 욕조에 들어가 입으로 수도꼭지를 돌렸다. 하얀 욕조 위로 물이 쏟아지기 시작했다. 자신의 몸뚱이보다 두 배 높은 욕조 위로 물이 차올랐다.

"이렇게 살아서 뭐해. 차라리 죽어버리는 게 나아. 내게는 희망도 미래도 없어."

부이치치는 눈을 감았다. 이제 이 고단하고 힘겨운 삶도 마지막이라고 생각하니 눈에서 하염없이 눈물이 쏟아졌다. 무엇보다 자신을 누구보다 아끼고 사랑했던 엄마와 가족들의 모습을 생각하니 가슴이 저려왔다. 하지만 돌이킬 수 없는 선택이었다. 그는 가슴팍까지 차오르는 욕조물을 보고 천천히 눈을 감았다. 그때 화장실 문이 열리고 엄마의 목소리가 들려왔다.

"닉, 이게 무슨 짓이니!"

엄마의 소리에 온 식구가 달려왔다. 엄마는 목까지 차오른 욕조 속에서 닉을 건져냈다. 조금만 늦었어도 입과 코에 물이 들어가 생명이 위험한 순간이었다.

"엄마!"

욕조물과 눈물이 범벅이 된 그의 입이 열렸다.

"이 녀석아. 대체 이게….."

엄마는 말을 잇지 못했다. 그 광경을 지켜보던 가족들도 닉의 행동에 고개를 떨구었다. 서로 말은 안 했지만 닉이 겪었을 고통과 공포가 어떠했는지 짐작할 수 있었다. 하지만 가족들이 닉에게 해줄 수 있는 것은 없었다. 그저 지켜봐주고 응원해줄 수 있을 뿐, 누구도 닉의 인생을 대신 살아줄 수는 없었다.

그 뒤로도 닉은 두 번이나 더 자살을 시도했다. 다행히 주위 사람들이 발견해서 목숨을 건질 수 있었다.

엄마와 가족들은 닉을 더 강하게 키우고 싶었다. 그래서 그를 특수학교가 아닌 일반학교에 보냈다. 닉이 울며 학교에서 돌아오는 것을 인내심을 갖고 지켜볼 수밖에 없었다.

닉은 어느덧 열세 살이 되었다. 그리고 어김없이 닉에게도 사춘기가 찾아왔다. 어느 날 어머니가 신문을 들고 닉의 방문을 열었다.

"닉, 이 기사를 보렴."

신문에는 장애를 딛고 사는 사람들의 이야기가 실려 있었다. 닉은 그 기사를 보면서 자신이 장애를 안고 태어난 것은 누구의 죄도 아니라는 것을 이해하게 되었다.

"닉. 사람은 누구나 어떤 목적을 가지고 태어난단다. 하나님은 왜 너를 그렇게 태어나게 하셨을까? 그건 너에게 특별한 목적이 있어서야. 그걸 찾아보자."

닉은 그때부터 생각을 바꿨다. 자신 안에 있던 열등감도 버렸다.

'그래, 모든 일에는 이유가 있는 법이야. 내가 이렇게 태어난 것도 엄마 말대로 어떤 목적이 있기 때문일 거야. 앞으로 얼마나 시간이 걸릴지 모르지만, 언젠가는 그 뜻을 알게 될 날이 오겠지. 그래, 용기를 내어 열심히 살아가자!'

마음이 한결 가벼워졌다. 닉은 두 개밖에 달려 있지 않은 발가락을 뚫어지게 쳐다봤다.

"다행이야. 발가락이 두 개나 있어서."

닉은 큰소리로 웃었다.

그 두 개의 발가락을 보고 자신에게도 미래가 있음을 깨달았다. 그리고 그동안 자신과 세상을 탓했던 일이 한없이 미련하고 후회스러웠다.

힘든 청소년기를 보낸 닉은 공부에 전념해 호주 그리피스 대학에 입학했다. 회계학과 재무학을 복수 전공했으며 수영과 골프, 농구를 즐겼다. 장애는 더는 닉에게 아픔이 아니었다. 극복해야 할 대상도 아니었다.

현재 닉은 미국 로스앤젤레스에서 '사지 없는 삶'Life without Limbs이라는 장애인 비영리 단체를 만들어 세계를 돌아다니며 절망에 빠진 세상 사람들에게 용기를 주고 있다.

"가끔 우리는 넘어졌을 때 다시 일어날 수 있는 힘이 없다고 느껴질 때가 있습니다. 그러나 계속 실패해도 다시 시도한다면 그리고 또 다시 시도한다면 그것은 실패가 아닙니다. 저는 백 번이라도 다시 일어나기 위해 노력할 겁니다."

2012년 2월 12일 외신들은 반가운 소식을 전했다. 닉이 미국 캘리포니아에서 일본계 여성 카나에 미야하라와 결혼식을 올린 것이다. 이제 어엿한 가장이 된 닉이 세상을 향해 말한다.

"제가 아직 팔과 다리를 갖게 해달라고 기도하느냐고요? 제가 아직도 팔다리를 갖고 싶어하느냐고요? 네, 사실 그렇습니다. 하지만 신이 주시지 않는다고 해도 크게 실망하지 않을 겁니다. 절대로 포기하지 말라는 말을 하고 싶습니다. 희망을 가져야 합니다. 돈이 아무리 많아도 자기 정체성과 삶의 목적을 발견하지 못하면 불행합니다."

닉은 자신이 특별한 몸으로 태어났고 거기에는 이유가 있다고 믿었다. 몇 차례의 자살을 통해 죽음의 문턱 앞에서 닉은 인생의 또 다른 면을 봤다. 그건 자신의 생각대로 행동하고 말해야 한다는 것이다. 세상 모든 것을 바꿀 수 없다면 자신의 생각부터 바꾸자고 생각한 것이다. 그 순간부터 그에게는 삶이 곧 축복이며 기쁨이었다.

 주저앉을 힘이 있다면 일어나라

고 김광석의 주옥 같은 노래 중 〈일어나〉라는 곡이 있다.

가볍게 산다는 건 결국은 스스로를 얽어매고
세상이 외면해도 나는 어차피 살아 있는 걸
아름다운 꽃일수록 빨리 시들어가고
햇살이 비치면 투명하던 이슬도 한순간에 말라버리지
일어나 일어나
다시 한 번 해보는 거야
일어나 일어나
봄의 새싹들처럼

인생을 살다 보면 거대한 폭풍우를 만날 때가 있다. 하지만 아무리 폭풍우가 몰아쳐도 배는 바람 부는 대로 가는 것이 아니다. 배가 아무리 흔들리고 위태로워도 배는 키를 잡은 선장의 손에 의해 선장이 원하는 방향으로 가게 되어 있다.

결코 주저앉지 마라. 일어나서 키를 잡아라. 폭풍우는 일시적인 현상이다. 키를 손에서 놓지 않고 햇빛이 따사로운 선착장을 향해 나아가라.

……

비록 조그만 일일지라도
온 힘을 다해서 하십시오.
성공으로 향하는 길은
그대에게 맡겨진 일 속에 있는 것입니다.
성공한 사람들은 그 자신이 할 수 있는
일들을 크든 작든 가리지 않고
성실하게 꾸준히 해나간 사람들입니다.

생각대로 ⑥ | 미국의 체신부 장관 존 워너메이커

비록 조그만 일일지라도 온 힘을 다해서 해라

델라웨어 강이 유유히 흐르는 필라델피아의 어느 마을에 존 워너메이커라는 소년이 살았다. 존은 아버지가 운영하는 벽돌공장에서 일했다. 일은 힘들고 고되었지만 아버지의 일을 돕는다는 것이 마냥 기뻤다. 게다가 아버지는 일의 대가로 용돈도 주었다. 존은 그 돈을 쓰지 않고 차곡차곡 모았다.

어느 날 아버지가 말했다.

"존, 오늘은 먼저 들어가거라. 아빠는 할 일이 더 남아 있단다."

"네. 늦지 않게 오세요."

존은 서둘러 공장을 나섰다. 얼마쯤 걷자 갑자기 비가 내리기 시작했다. 존의 발걸음이 빨라졌다.

"어이쿠."

얼마 가지 못해 존은 흙탕물에 빠지고 말았다. 바지 무릎까지 흠뻑 물에 젖었다. 주위를 둘러보니 곳곳에 움푹 패인 웅덩이가 보였고 도로는 진창이 되었다.

"젠장. 이 도로는 비가 올 때마다 이 모양이야."

"시청에 있는 녀석들은 대체 뭐하는 거야!"

사람들은 저마다 불평을 털어놓았다. 그리고 우산과 옷자락을 움켜쥐고 빠른 걸음으로 자신의 집으로 돌아갔다. 존은 이 광경을 보며 생각했다.

'왜 어른들은 저 길을 고칠 생각을 하지 않을까? 비 올 때마다 웅덩이가 파이는데도 왜 매번 불평불만만 하는 것일까? 만일 자신들의 집 앞이었다면 어땠을까?'

열세 살의 존은 그 순간 다짐했다.

"그래. 저 길에 벽돌을 놓아야겠어."

다음날 존은 아버지에게 달려가 말했다.

"아빠, 오늘부터 벽돌 한 장씩을 가져갈게요."

"벽돌은 어디에 쓰려고?"

"필요한 데가 있어서 그래요. 물론 공짜는 아니에요. 제 임금에서 제해주세요."

"녀석도 참."

그날부터 존은 벽돌 한 장씩을 가져와 길에 깔기 시작했다. 길은 존의 생각보다 넓고 길었다.

"여기에 벽돌을 다 깔려면 몇 달 아니 몇 년이 걸릴지도 몰라. 하지만 꼭 다 깔고 말 거야. 다시는 사람들이 진창길 때문에 옷을 더럽히는 일이 없어야 해."

그렇게 한 달이 지났다. 그날도 존은 벽돌 한 장을 가져와 깔고 있었다. 마침 그 길을 지나가던 마을 사람이 그 광경을 우연히 보게 되었다.

"얘, 거기서 뭐 하니?"

서른 장의 벽돌이 나란히 놓여 있는 것을 본 마을 사람은 존의 사연을 듣고 감동했다. 소문은 곧 마을 전체로 번졌다. 그날부터 마을 사람들의 손에는 저마다 벽돌 한 장씩이 들려 있었다. 어른들은 존의 행동을 통해 자신들의 모습을 반성하기 시작했다.

얼마 되지 않아 진창길 대신 곱게 포장된 벽돌길이 마을 사람들의 발걸음을 가볍게 했다.

세계 최초로 백화점을 만들었고 '고객은 왕이다'라는 말을 처음으로 사용했으며 신문광고를 이용하는 상술 및 정찰판매제를 개척한 존 워너메이커 John Wanamaker는 어린 시절부터 마음먹은 것은 반드시 실행에 옮기는 소년이었다. 이러한 그의 생활신조는 그 시기에 만난 한 권의 책에서 시작되었다. 존이 노년이 되었을 때, 어느 날 한 신문기자가 물었다.

"선생님께서 지금까지 투자한 것 중에서 가장 성공적인 것은 무엇입니까?"

"내가 열두 살 때 최고의 투자를 한 적이 있지요. 그게 뭔지 아세요? 그때 나는 2달러 50센트를 주고 성경 한 권을 샀습니다. 이것이 가장 위대한 투자였어요. 왜냐하면 그 성경이 오늘의 나를 만들었으니까요."

존의 생활신조는 4T로 대변된다.

생각하라 Think
실행에 옮겨라 Try
땀 흘리고 애를 쓰라 Toil
신을 의지하라 Trust in God

학교 교육이 짧아 모자랐던 지식은 책과 독서를 통해 습득했다. 젊은 시절 박봉 가운데서도 늘 수입 중 일부를 떼어서 책을 사는 데 투자했다. 뿐만 아니라 가난한 가정환경 때문에 몸에 근검절약 정신이 배어 있었지만 도움이 필요한 사람에게는 과감히 베풀 줄 알았다.

불우한 환경이었지만 불평하는 일이 없었고 매사에 긍정적이고 낙관적이었다. 순간적으로 떠오르는 아이디어를 놓치지 않기 위해 잠자리에도 메모지를 놓아두는 등 항상 메모하는 습관을 통해 시간을 효율적으로 사용했다.

덕분에 존은 비록 초등학교 2학년이 학력의 전부였지만 600여 개의 백화점을 운영했으며 서울 종로 YMCA를 비롯해 세계 곳곳에

YMCA 건물을 짓기도 했다. 그리고 백악관의 요청으로 체신부 장관으로 재직하기도 했다. 여기에는 유명한 일화가 있다.

'백화점의 왕'으로 불리며 사업을 넓혀가던 존에게 미국의 23대 대통령 벤자민 해리슨^{Benjamin Harrison}의 호출이 있었다. 존은 긴장된 마음으로 백악관으로 향했다.

"존, 당신 이야기는 많이 들었소. 정직이 최고의 상술이라고 하셨다면서요. 당신의 사업수완과 리더십, 도덕성은 이곳 백악관에서도 소문이 자자하다오."

"과찬이십니다, 각하."

"내 긴 말 하지 않겠소. 체신부 장관을 맡아주시오."

"영광입니다. 하지만 장관직을 수행하는 일 때문에 주일 교사 일을 하지 못한다면 받아들일 수가 없습니다."

해리슨 대통령은 깜짝 놀라며 존의 얼굴을 쳐다봤다. 그때 마침 옆에 있던 비서가 물었다.

"존, 장관직이 주일학교 교사일보다 못합니까?"

"아닙니다. 제게는 과분한 영광이지요. 하지만 장관직은 몇 번 하다 말 부업이지만 주일학교 교사직은 제가 평생 동안 해야 할 본업입니다. 주일은 나의 날이 아니라 주님의 날입니다. 교회에서 가르치고 봉사하는 일은 나의 최고의 기쁨이자 특권입니다. 장관직 때문에 그 기쁨을 포기할 수는 없습니다."

그 말을 들은 해리슨 대통령이 호탕하게 웃었다.

"하하하. 당신의 기쁨이자 특권은 내가 보장하리다."

존은 결국 주일학교 교사를 계속하는 조건으로 장관직을 허락했다. 스물한 살에 주일학교 교사로 시작해 65년 동안 단 한 차례도 결석하지 않은 일이었다. 그는 장관직을 훌륭하게 수행했다. 어느 날 한 기자가 존에게 물었다.

"장관님의 성공 비결이 무엇입니까?

"나는 평생 많은 재산을 모았습니다. 지금 내가 가지고 있는 건물과 땅만 해도 200억 달러 이상이 될 것입니다. 그런데 현재 내 소유물 중 가장 가치 있는 것은 열두 살 때 산 빨간 가죽 표지의 작은 성경입니다. 성경책을 사려고 모은 돈은 전 재산이었습니다. 그만큼 나는 가난했습니다. 그런데 그 일이 제게 가장 가치 있는 역사가 되었습니다."

그리고 다음과 같은 말을 이었다.

"비록 조그만 일일지라도 온 힘을 다해서 하십시오. 성공으로 향하는 길은 그대에게 맡겨진 일 속에 있는 것입니다. 성공한 사람들은 그 자신이 할 수 있는 일들을 크든 작든 가리지 않고 성실하게 꾸준히 해나간 사람들입니다."

2009년 8월 타이거 우즈를 누르고 우승한 양용은 선수는 거대한 은색 트로피에 키스를 했다. 그 트로피는 '워너메이커 트로피'로 불리는데 이는 PGA 챔피언십의 창시자인 로드먼 워너메이커의 이름을 딴 것이다. 로드먼은 바로 존 워너메이커의 둘째 아들이다.

영국을 향해 독립선언을 했던 유서 깊은 도시 필라델피아. 그 시청 앞에는 존 워너메이커의 동상이 세워져 있다. 여든세 살까지 왕성한 활동을 했던 그에게 사람들이 '어떻게 지내십니까?'라고 물으면 존은 단 두 마디로 답하기를 즐겼다고 한다.

"즐겁게 바쁘다네."

존은 자신의 생각대로 살았다. 아무리 명예로운 자리라도 자신이 생각한 인생의 우선순위를 위협하는 일이라면 억만금을 준다고 해도 하지 않았다.

진창길에 벽돌을 하나하나 쌓듯이 조그만 일에도 늘 최선을 다했다. 그 작은 일이 모여 큰 일을 이룬다는 것을 그는 알고 있었다.

 작은 것을 위대하게 만드는 디테일의 힘

깨진 유리창 이론Broken Windows Theory이라는 게 있다. 미국의 범죄학자인 제임스 윌슨과 조지 켈링이 1982년 공동 발표한 글에 처음으로 소개된 사회 무질서에 관한 이론이다. 이 이론은 깨진 유리창 하나를 방치해두면 그 지점을 중심으로 범죄가 확산되기 시작한다는 이론으로 사소한 무질서를 방치하면 큰 문제로 이어질 가능성이 높다는 의미를 담고 있다. 작은 구멍 하나가 배를 침몰시키는 것도 같은 이치이다.

한 사람의 인생도 마찬가지이다. 나쁜 습관을 계속 내버려두면 그 습관을 중심으로 계속 나쁜 버릇들이 쌓이게 된다. 반대로 좋은 습관만을 취해 그 수를 늘려간다면 어느새 좋은 습관만이 쌓이게 된다.

작은 것을 결코 소홀히 하지 마라. 작은 물방울이 모여 바위를 뚫고 강을 거쳐 바다로 향하듯이 모든 큰 일의 시작은 사소한 것에서 시작된다. 젓가락 하나하나는 손쉽게 부러뜨릴 수 있지만 여러 개를 하나로 묶으면 기둥이 된다.

우리는 매 순간 수많은 점을 찍으며 살아간다. 그 점들은 선으로 이어져 우리의 미래에 도달한다. 하나의 점은 작고 초라하지만 모이면 큰 힘이 된다. 기억하라. 민들레 홀씨 하나가 큰 숲을 이룬다.

……
―아버지, 전 달리고 싶어요. 달리고 싶어요!
―아빠, 저랑 함께 마라톤에 참가하지 않을래요?
―오늘 처음으로 내 몸의 장애가 사라진 것 같았어요!
―아빠, 철인 3종 경기에 참여하고 싶어요.
―아버지가 없었다면 할 수 없었을 거예요.

생각대로 ⑦ | **세계를 울린 마라톤 부자 팀 호이트**

그래요,
당신도 할 수 있어요

매사추세츠 주의 어느 산부인과 병원. 신생아실 앞에서 한 사내가 초조한 듯 병원 복도를 서성이고 있다. 그의 이름은 딕 호이트. 학창 시절 미식축구와 야구 선수로 활약했으며 지금은 주 방위 공군으로 근무하고 있다.

"제발 우리 아기가 무사히 태어나기를!"

하지만 한 시간이 넘도록 아기의 울음소리는 들리지 않았다. 딕은 초조했다. 잠시 후 상기된 표정을 한 의사와 간호사가 나왔다.

"아버님, 잠시 저와 이야기를 나눌 수 있을까요?"

"우리 아기… 우리 아기는 어떻게 됐나요?"

"아기는 무사합니다. 산모도 건강하고요. 제 방으로 함께 가시죠."

의사의 안내를 따라 딕은 그의 사무실로 들어갔다. 방에는 인간의 신체를 해부한 마네킹과 그림들이 여기저기에 걸려 있었다. 왠지 느낌이 좋지 않았다.

"사고가 있었습니다."

"무… 무슨?"

"아이가 태어나면서 탯줄이 목에 감겼습니다. 처음에는 산소 공급이 되지 않아 죽을 고비를 넘겼지만 지금은 무사합니다."

"그럼 우리 아이는 어떻게 되는 겁니까?"

"현재로서는 어떻게 될지 모르겠습니다. 아이가 자라는 것을 지켜봐야 합니다. 한 달에 두 번은 꼭 병원에 들러주세요."

딕은 깊은 한숨을 쉬었다. 무엇보다 아내와 아들이 죽지 않아서 다행이라고 생각했다. 딕은 이 천신만고 끝에 태어난 아이에게 릭 호이트라는 이름을 지어주었다. 릭은 별탈 없이 무럭무럭 자랐다. 빠짐없이 정기검진도 받았다. 릭이 태어난 지 8개월 되었을 때 딕은 의사에게 청천벽력 같은 소리를 들었다.

"태어날 때의 사고 영향인 것 같습니다. 아드님은 중증 뇌성마비 환자입니다. 몸도 지금처럼 잘 가눌 수도 없고 말도 하지 못할 것 같습니다."

"그러면 어떻게…."

"이렇게 두면 평생 식물인간으로 살아야 합니다."

아버지는 그 자리에 주저앉았다. 자신의 아들이 평생 걷지도 못하고 말하지도 못한 채 생을 살아야 한다는 사실이 믿기지 않았다. 의사가 조심스럽게 말문을 열었다.

"지금이라도 포기하시는 게…."

딕은 벌떡 일어나 의사의 뺨을 후려쳤다.

"당신이라면… 이 작고 가엾은 생명을 포기하겠소? 더구나 이 아이는 나와 내 아내의 피와 살로 태어난 생명이오."

"하지만 현실적으로 생각해보세요. 이건 선생님과 아드님 모두에게 좋지 않은…."

"닥치시오. 당신 도움 따윈 필요 없소. 이 아이는 내가 키울 거요. 이 아이가 죽기 전엔 나도 결코 죽지 않을 거요."

병원문을 나서는 딕의 눈에서 하염없이 눈물이 쏟아졌다. 그리고 다짐하듯 말했다.

"난 릭을 결코 포기하지 않을 거야. 결코!"

릭은 부모님의 극진한 사랑으로 무럭무럭 자라났다. 하지만 걷지도 못하고 말하지도 못해 먹는 것과 용변을 보는 것은 부모님의 도움이 필요했다. 그래도 아들의 얼굴을 볼 때마다 딕 부부는 행복했다. 그 무렵 컴퓨터가 일반인과 가정에 보급되기 시작했다. 딕은 많은 돈을 들여 말을 할 수 없는 아들에게 특수 컴퓨터 장치를 설치해 주었다.

"릭, 이건 컴퓨터라는 거야. 네가 하고 싶은 말이나 하고 싶은 것을 표현해 보렴."

딕의 말이 끝나기가 무섭게 릭은 눈과 입을 깜빡이며 자신의 의사를 표현했다. 모니터에 글자가 새겨지기 시작했다.

―아빠, 엄마.

그 문장을 본 순간 딕은 깊은 감동과 환희로 가득 찼다. 그리고 다음 문장이 이어졌다.

―아버지, 전 달리고 싶어요. 달리고 싶어요!

릭의 나이 열다섯 살 때였다. 아들과 처음으로 대화를 나누는 순간이었다.

"여보, 얼른 나와 봐요. 릭이 내게 말을 했어요."

딕은 자신의 모든 것을 바쳐서라도 아들의 소원을 들어주기로 했다. 다음날 딕은 휠체어를 끌고 거리로 나섰다. 넓은 공터가 그들 앞에 펼쳐졌다.

"릭, 지금부터 아빠는 빠르게 달릴 거야. 그러니 넘어지지 않게 꽉 잡으렴."

딕은 휠체어를 밀며 힘차게 달리기 시작했다. 공터의 끝까지 가서는 다시 돌려 달렸고 그렇게 열댓 번을 더 달렸다. 그날부터 딕과 릭의 질주는 계속되었다.

하루는 릭이 자신의 생각을 문자로 표현했다.

―아빠, 저랑 함께 마라톤에 참가하지 않을래요?

딕은 마라톤을 아는 릭이 신기했지만 곧 그렇게 하겠다고 약속했다. 평소 심장이 좋지 않았던 딕이지만 아들이 원하는 것이라면 뭐든지 할 준비가 되어 있었다.

첫 마라톤 경기에서 부자는 꼴찌에서 2등을 했다. 하지만 그들은 완주했다. 아들은 상기된 표정으로 이렇게 말했다.

―오늘 처음으로 내 몸의 장애가 사라진 것 같았어요!

그 글을 보는 순간 딕의 눈에서 뜨거운 눈물이 나왔다.

"릭, 넌 누가 뭐래도 내 아들이란다. 고맙다."

릭은 그 후로도 시간이 날 때마다 자신의 의사를 표현했다.

―아빠, 보스턴 마라톤에 참가하고 싶어요.

그럴 때마다 아빠의 대답은 한결 같았다.

"그럼, 좋지. 우리 힘차게 달려보자꾸나."

부자는 보스턴 마라톤을 비롯한 수많은 레이스에 참가했다. 1981년 보스턴 마라톤 대회에 출전해서는 1/4 지점에서 포기하고 말았다. 하지만 1982년 보스턴 마라톤에서는 완주에 성공했다.

그러던 어느 날 릭은 놀라운 제안을 했다.

―아빠, 철인 3종 경기에 참가하고 싶어요.

아빠는 잠시 당황했다.

"마라톤도 힘든데 철인 3종 경기라니."

그건 마라톤처럼 단순히 뛰어서만 되는 게 아니었다. 수영도 해야 했고 자전거도 타야 했다. 딕은 수영도 하지 못했고 자전거도 탈 줄 몰랐다. 하지만 아들의 소원을 외면할 수 없었다. 그는 평소처럼 아들을 향해 소리쳤다.

"그래, 좋아. 우리 힘차게 달려보자꾸나."

딕은 그날부터 수영과 자전거를 배웠다. 그리고 철인 3종 경기에 참가증을 제출했다.

"딕, 이건 마라톤하곤 달라. 이건 미친 짓이야."

"휠체어를 타고 달리는 건 그렇다 치고 어떻게 릭과 함께 수영을 하겠나? 자전거는 또 어떻게 타고?"

"서로를 위해서 좋은 일이 아니야."

부자가 철인 3종 경기에 참가한다고 하자 주위 사람들이 몰려와 말렸다. 하지만 그 누구도 아빠 딕 호이트와 아들 릭 호이트의 이름을 딴 '팀 호이트'의 도전과 신념을 막을 수 없었다.

아버지는 아들을 위해 허리에 고무배를 묶고 강을 건넜고 특수 제작된 자전거를 타고 달렸다. 철인 3종 경기는 아침 7시에 출발하여 밤 12시(17시간)까지 들어와야 한다. 그들은 수많은 난관을 물리치고 수영 3.9킬로미터, 자전거 180.2킬로미터, 마라톤 42.195킬로미터의 철인 3종 경기를 완주했다. 그들의 기록은 16시간 15분이었다. 이것을 계기로 부자는 철인 3종 경기를 6회 완주했고 최고기록은 13시간 43분 37초였다.

그 후에도 이들 부자의 놀라운 도전은 계속되었다. 마라톤 64회, 단축 철인 3종 경기 206회, 보스턴 마라톤 24회 연속 완주의 대기록을 세운 것이다. 마라톤 최고 기록은 2시간 40분 47초. 정상인도 내기 힘든 기록을 휠체어를 밀며 달성한 것이다. 또한 달리기와 자전거로 6000킬로미터에 이르는 미국 대륙을 횡단하기도 했다. 대기록을 작성한 후 릭이 아버지를 향해 자신의 생각을 글로 적었다.

―아버지가 없었다면 할 수 없었을 거예요.

이에 아버지가 말했다.

"릭, 네가 없었다면 아버지는 하지도 않았을 것이다."

그들의 이 감동적인 이야기는 유투브와 오프라 윈프리쇼를 통해 전 세계에 소개되었다. 2011년 칸 국제광고제에 광고 소재로 쓰이기도 했다.

딕은 언젠가 기자들에게 다음과 같은 질문을 받았다.

"아들을 너무 몰아붙인다, 지나치게 욕심을 부리는 게 아니냐 하는 안 좋은 시선도 있습니다. 그 점에 대해서는 어떻게 생각하십니까?"

딕은 웃으면서 대답했다.

"그건 사람들이 몰라서 하는 소리입니다. 팩트는 말입니다, 내가 아니라 릭이 저를 경기마다 끌고 다닌다는 것입니다. 하하하. 릭이 아니었다면 애초부터 시작도 안 했을 겁니다."

2012년 딕은 71세, 릭은 50세이다. 지금 이 순간에도 칠십이 넘은 아버지는 오십이 넘은 아들을 휠체어에 태우고 달린다.

인생은 마라톤, 최종 승자는 아무도 모른다

마라톤은 42.195킬로미터를 달리는 경기이다. 스포츠로 보면 육상 경기이면서 예선전 없이 단 한 번의 경기로 끝나는 유일한 경기이기도 하다. 처음부터 1등으로 달린다고 해서 끝까지 1등을 한다는 보장도 없고, 꼴찌로 달리다 1등을 하는 경우도 있다. 처음부터 전속력으로 달리면 중간에 지쳐 포기하게 된다. 무엇보다 페이스 조절이 중요하다.

인생도 마찬가지이다. 결코 시작이 중요한 것은 아니다. 얼마만큼 자신을 믿고 자신의 상태를 아느냐가 중요하다. 또한 인생이라는 마라톤은 나 자신만의 레이스이다. 가끔 동료나 멘토들이 도움을 주긴 하지만 결국에는 홀로 달려야 하는 고독한 싸움이다.

마라톤에는 결승점이 있지만 인생에는 결승점이란 없다. 그저 중간 중간에 놓인 수많은 간이역을 거칠 뿐이다. 시작이 늦었다고 해서 포기하거나 겁먹을 필요가 없다. 1등으로 달린다고 해서 우쭐하거나 교만해져서도 안 된다.

자신의 심장과 두 다리를 믿어야 한다. 그리고 아무 생각없이 앞만 보고 달리지 마라. 눈앞에 펼쳐지는 수많은 광경을 보고 즐겨라. 잠시 운동화 끈을 풀고 앉아 바람의 소리를 듣는 것도 좋은 방법이다. 순전히 자신만의 레이스를 즐겨라. 그 사람이 곧 승자이다.

……

그래요, 저는 두 번 죽었어요.
첫 번째 죽음이 제게 세상을 다시 보게 했지요.
전 파괴가 아니라 평화를 선물하고 싶었어요.

 생각대로 ⑧ | 노벨상을 인류에게 남긴 노벨

세계 인류의 평화가 내 마지막 재산이다

"내가 죽다니!"

아침 일찍 일어나 습관처럼 신문을 펼치던 한 사내는 자신의 사망 기사를 보고 소스라치게 놀랐다. 그는 호텔 욕실로 다가가 거울 앞에 섰다. 거울 속의 자신을 보며 손으로 볼을 만지고 코를 잡아당겨 보았다. 아픔이 느껴졌다.

"뭔가 잘못된 게 분명해. 나는 이렇게 멀쩡히 살아 있는데."

그는 식탁으로 다가가 펼쳐놓은 신문을 읽기 시작했다.

─다이너마이트라는 무기의 발명가이자 죽음의 상인, 영원히 숨을 거두다.

마음을 진정시키며 헤드라인을 거쳐 기사를 읽기 시작했다. 다시 한 번 숨이 멈춰졌다. 죽은 사람은 사내도 알고 있는 사람이었다. 바로 자신의 형이었다. 사내는 떨리는 마음으로 거실로 들어가 전화기를 들었다.

"어머니. 방금 형이 죽었다는…."

"얘야, 나도 알고 있단다. 그리고 네가 살아 있어 다행이구나."

사내는 허탈한 마음으로 소파에 털썩 주저앉았다.

"나를 형으로 착각한 거야. 하지만…."

신문이 자신의 사망소식을 전하며 '죽음의 상인'이라는 표현을 쓴 게 가슴이 아팠다. 게다가 마흔이 넘어서도 결혼하지 않고 다이너마이트 연구에 공을 들인 자신의 발명품을 '무기'라고 표현한 것이 자꾸 마음에 걸렸다.

"난 그저 바위를 뚫고 산에 터널을 만들기 위해 만든 것뿐이야. 사람들이 빠르고 편리하게 일을 할 수 있도록 말이지."

그는 자신의 발명품인 다이너마이트가 무기로 사용될지는 몰랐다. 그런 자기를 세상 사람들이 '죽음의 상인'이라고 여기리라고는 꿈에도 생각하지 못했다.

기사는 온통 다이너마이트와 죽음, 파괴와 같은 단어들만 부각되어 그의 눈에 들어왔다. 사내는 떨리는 손을 진정시키며 평소 알고 지내는 신부에게 전화를 걸었다.

"신부님, 파괴의 반대말이 무엇이라고 생각하세요?"

"그거야 평화지요."

바로 그 순간 그는 새로운 길을 걸어야겠다고 생각했다. 세상 사람들에게 파괴가 아닌 평화의 이미지로 기억되기로 다짐했다. 자기가 '죽음의 상인'이 아니라는 것을 알리고 싶었다. 사내의 이름은 알프레드 노벨$^{Alfred\ Novel}$. 천문학적인 돈을 벌고 인류를 위해 노벨상을 유언으로 남긴 사내는 그렇게 자신의 인생 항로를 바꿨다.

노벨은 1833년 10월 21일 스웨덴의 스톡홀름에서 태어났다. 네 형제 중 셋째였던 그는 어려서부터 매우 병약했다. 가난한 발명가였던 아버지를 따라 러시아로 건너간 노벨은 문학에 심취했다.
"난 셸리처럼 훌륭한 시인이나 소설가가 될 거야."
아버지에게 자신의 뜻을 밝혔을 때 돌아온 답은 차가웠다.
"노벨, 시인이나 소설가는 아무나 하는 게 아니야. 그리고 그 직업은 가난하단다. 생각보다 그렇게 멋있는 직업이 아니야. 너는 내 뒤를 이어 발명가가 되어야 해. 새롭고 기발한 발명 하나면 우리 식구가 평생을 먹고도 남을 돈을 벌 수 있어."
열일곱 살이 된 노벨은 혼자 미국을 거쳐 프랑스로 가서 기계공학을 공부했다. 그리고 다시 러시아로 돌아왔다.
"러시아는 지금 크림 전쟁 중이야. 새로운 무기가 필요해."
아버지는 노벨을 반갑게 맞이하며 말했다.
"하지만 아버지, 무기는 발명가가 할 일이…."
"노벨, 아버지 말을 잘 들어라. 전쟁을 끝내기 위해서는 더욱 강력한 무기가 있어야 돼. 이제부터 너와 나는 그걸 만들어야 해. 이 무기가 우리에게 부를 안겨줄 거야."

"아버지… 저는 인류에게 이익과 도움이 될 만한 발명품을…."

"자, 그 이야기는 차차 하기로 하자. 어서 주문량을 납품해야 돼."

노벨은 어쩔 수 없이 아버지의 무기 제조 공장에서 일하게 되었다. 노벨의 대학 공부가 큰 도움이 되었다.

1862년 노벨은 니트로글리세린 연구를 시작했다. 액체로 된 니트로글리세린은 일반 화약보다 몇십 배 강한 폭발력을 지녔지만 두드리거나 문지르기만 해도 폭발하기 때문에 매우 위험했다. 최초의 실험에서 노벨은 이러한 단점을 보완해 성공을 거두었다.

이듬해인 1863년 노벨은 니트로글리세린 화약에 대한 특허를 따내고 스톡홀름에 공장을 세웠다. 그해 말 옴메베루그 광산에서 노벨이 만든 화약이 최초로 사용되었다. 대성공이었다. 커다란 바위가 흔적도 없이 날아가고 구리 광석이 모습을 드러낸 것이다. 수많은 인력이 동원되어 며칠씩 걸려 파내던 광석을 몇몇 사람이 몇 시간 만에 파냈던 것이다.

"노벨, 우리에게도 그 신기한 화약을 팔게나."

"앞으로 터널과 광산 공사는 자네의 발명품 덕분에 시간과 인력을 아낄 수 있게 되었네."

화약은 불티나게 팔리기 시작했다.

그러던 어느 날 노벨의 공장에서 폭발사고가 일어났다. 공장은 산산조각이 났고 노벨의 동생 에밀과 직원, 행인이 목숨을 잃었다. 스웨덴 정부는 스톡홀름에서 화약을 제조하는 일을 일절 금한다는 명령을 내렸다. 노벨의 아버지는 충격으로 쓰러졌다.

노벨은 연구를 계속했다. 형과 함께 독일 함부르크 근처에 공장을 세우고 알프레드 노벨 회사라는 간판을 내걸었다. 여기서 만든 화약은 세계 각지로 불티나게 팔려나갔다.

하지만 공장 폭발사고 이후로 폭발사고가 끊이질 않자 노벨은 액체인 니트로글리세린을 고체로 만드는 방법을 연구하기 시작했다. 그는 자신의 지식을 총동원했다.

"이걸 고체로 만들면 운반하기도 쉽고 폭발사고도 일어나지 않을 거야."

1866년 노벨은 드디어 실험에 성공했다. 새로운 화약이 탄생하는 순간이었다.

"이 새로운 발명품의 이름을 뭐라고 하지?"

노벨은 고심 끝에 이 화약 이름을 다이너마이트^{Dynamite}라고 지었다. '힘'을 의미하는 그리스어 '디나미스'^{Dynamis}에서 따온 이름이었다. 이 다이너마이트로 노벨과 그의 회사는 부자가 되었다. 자고 일어나면 금고에 돈이 수북하게 쌓일 정도였다. 마흔셋이 될 때까지 독신으로 지낸 프랑스 소설가 빅토르 위고가 '유럽의 가장 부유한 방랑자'라고 묘사한 노벨은 그 후 젤라틴, 발리스타이트라는 무연화약을 연달아 발명했다. 이 화약은 다이너마이트보다 화력이 더욱 강력한 발명품이었다.

노벨의 발명은 인간을 이롭게 했지만 의도와는 달리 생명을 대량으로 살상하는 무기로도 활용되었다. 노벨의 발명품을 시작으로 강력하고 끔찍한 살상 무기들이 연이어 만들어졌다. 마침 유럽은 전쟁의 소용돌이 속에 있었다.

"전쟁이 일어나면 어떻게 될까?"

노벨은 가슴이 답답해졌다. 전쟁이 일어나면 다이너마이트는 더욱 많은 사람의 목숨을 앗아갈 것이 뻔했다. 자기가 평생을 바쳐 연구해 온 화약이 사람을 죽게 한다면 그것보다 더 슬픈 일이 어디에 있겠는가? 노벨은 결심했다.

"이제 난 늙었어. 더 늦기 전에 세계 평화를 위해 무슨 일이든 해야겠어."

노벨은 평생 모은 재산을 세계 평화를 지키는 일에 바쳐야겠다고 생각했다. 그건 자신의 부고 소식을 들었을 때 이미 마음속에 가지고 있던 생각이었다. 그래서 재산을 모두 팔아 은행에 넣어두었다. 1896년 12월 10일 알프레드 노벨은 다음과 같은 유언을 남기고 세상을 떠났다.

"내 재산은 모두 돈으로 바꾸어 기금으로 만들어서 해마다 그 이자를 지난 1년 동안 인류를 위해 가장 큰 공헌을 한 사람에게 상금으로 준다. 즉 물리학에서 가장 중요한 발견 또는 발명을 한 사람, 생리학 또는 의학에서 가장 중요한 발견을 한 사람, 문학에서 가장 뛰어난 작품을 쓴 사람, 세계 인류의 행복을 위해서 또는 전쟁 준비를 방지하거나 줄이기 위해서, 또는 평화회의를 열거나 확대하기 위해서 가장 훌륭한 공헌을 한 사람에게 주도록 한다. 이러한 부문의 상금은 어느 나라 사람에게 주어도 좋다."

노벨의 유언에 따라 약 900만 달러에 달하는 기금이 마련되었고, 상의 명칭은 그의 이름을 따서 노벨상으로 정해졌다. 최초의 노벨상 수상식은 1901년 노벨의 고향인 스웨덴의 스톡홀름에서 거행되었다. 그리고 현재까지 상이 수여되고 있다.

자신의 이름으로 300개의 특허를 낸 발명가는 그렇게 인류에게 평화라는 선물을 남겨주었다. 한 사건을 계기로 생각을 바꾸고 자신의 생각대로 살다간 노벨은 세계인의 가슴속에 영원히 '평화'의 상징으로 남아 있다.

플러스 메시지

🌻 가슴속에 큰바위 얼굴을 품어라

　미국의 소설가 나다니엘 호손. 청교도 집안에서 태어나 《주홍글씨》로 유명한 그의 단편소설 중 《큰바위 얼굴》이 있다. 이 소설은 주인공 어니스트가 어렸을 때 어머니로부터 바위 언덕에 새겨진 큰바위 얼굴을 닮은 아이가 태어나 훌륭한 인물이 될 것이라는 전설을 듣는 것으로 시작된다.

　그는 큰바위 얼굴 같은 훌륭한 인물을 찾아 길을 떠나고 돈 많은 부자, 싸움 잘하는 장군, 말을 잘하는 정치인, 글을 잘 쓰는 시인 등 다양한 인물을 만난다. 하지만 큰바위 얼굴 같은 사람을 만나지 못한다. 그러던 어느 날 어니스트의 설교를 듣던 시인이 "당신이 바로 큰바위 얼굴이오"라고 소리친다. 어니스트는 집으로 돌아가며 자기보다 더 현명하고 나은 사람이 큰바위 얼굴과 같은 용모를 가지고 나타나기를 마음속으로 바란다.

  이 소설은 롤 모델의 중요성을 말해준다. 자신이 닮고 싶어하는 인물을 동경하고 좋은 것을 흡수할수록 자연스레 그 인물을 닮아간다는 것이다. 당신에게 큰바위 얼굴이 있는가? 가슴속에 큰바위 얼굴이 없다는 것은 삶의 목표가 없다는 것과 같다. 큰바위 얼굴을 품어라. 그의 모든 것을 연구하고 배워라. 하나도 놓치지 말고 자신의 것으로 만들어라.

Chapter 3

미래를 예측하기보단 미래를 만들어라

......

제가 아이들에게 강조한 철학은
딱 두 가지입니다.
하루 1%씩만 좋아지도록 노력하라.
그럼 100일 뒤에는 100%가 향상된다.
그리고 평균에 만족하지 말라.
평균에 만족해서는 아무것도 이룰 수 없습니다.

생각대로 ⑨ | 미국의 전설적인 농구 코치 켄 카터

평균에 만족해서는 아무것도 이룰 수 없다

"카터, 자네가 농구팀을 맡아주어야겠네."

실업자와 이주민, 결손 가정이 모여 사는 가난한 도시 리치몬드의 한 스포츠 용품점에 초로의 남자가 흑인 주인을 향해 말했다.

"교장 선생님. 전 지금의 생활에 만족합니다. 신경 쓸 일도 없고 벌이도 괜찮고요."

"그래도 자네는 우리 리치몬드 고교 농구팀의 에이스였잖나."

"다 지난 일입니다. 이제는 스포츠 용품을 파는 주인일 뿐이죠."

"자넨 소식도 못 들었나? 우리 학교는 4년째 꼴찌야. 이겨본 지가 언제인지 기억도 나지 않아. 이럴 때일수록 자네가 나서야 하네. 내

제안을 진지하게 생각해 보게. 예전의 영광과 명성을 자네 손으로 되찾아올 수 있는 절호의 기회야."

교장 선생님이 떠난 후 켄 카터는 가게에 앉아 생각에 잠겼다. 리치몬드 고교 농구팀의 부진한 소식은 그도 잘 알고 있었다. 소식을 들을 때마다 옛날 생각도 났고 무엇보다 울화통이 터졌다.

"우리가 어떻게 해서 쌓은 명성인데…."

카터의 아들 또한 농구선수였다. 다행히 환경이 열악한 리치몬드 고교는 아니었다. 시설도 좋고 성적도 좋은 사립학교에 다녔다. 하지만 공부도 못하고 농구도 그저 그런 아들이 걱정되기도 했다. 아들은 언제부터인가 자신의 말에는 귀를 기울이지 않았다. 며칠 동안 고민을 거듭하던 카터는 교장 선생님에게 전화를 걸었다.

"제가 맡아보겠습니다."

"현명한 선택이네, 카터."

"대신 조건이 있습니다. 제 교육 방침에 대해서는 일절 간섭하지 않으셨으면 좋겠습니다."

"여부가 있겠나. 오늘부터 리치몬드 농구팀의 선장은 자네일세."

"그럼, 월요일부터 출근하겠습니다."

"꼭 우승을 이끌어주게나. 옛날처럼 말일세."

출근 첫날 켄 카터는 농구팀을 불러 모았다. 농구 유니폼을 입었지만 얼굴과 행동은 흡사 동네에서 흔히 볼 수 있는 불량배 같았다. 자세도 삐딱하고 열의도 없어 보였다.

"난 켄 카터다. 오늘부로 너희를 코치할 거다. 나와 함께 생활하다 보면 저절로 알겠지만 내가 너희에게 가르치는 것은 농구뿐만이 아닐 거다."

여기저기서 웅성웅성거리는 소리가 들렸다.

"오늘부터 세 가지의 룰을 꼭 지켜야 한다."

카터는 칠판으로 다가가 분필로 꾹꾹 눌러쓰기 시작했다.

1. 수업 받을 때 맨 앞자리에 앉을 것.
2. 경기장에는 넥타이에 정장 차림으로 나올 것.
3. C+ 이상의 학점을 받을 것.

다시 여기저기서 웅성거리는 소리가 들렸다.

"젠장. 농구부가 무슨 공부야!"

"대단한 코치님 한 명 나셨네. 저 녀석의 머리통부터 골대에 넣어야겠네."

"하하하."

웃음이 체육관 안에 퍼졌다.

"조용히 해! 나는 너희가 농구를 잘하는 것, 그 이상의 것을 원한다."

"공부는 안 하면 그만이죠. 전 때려죽여도 C+ 학점은 자신이 없어요. 아니 관심이 없죠. 그래도 농구는 좋아요. 근데 경기장에 올 때 넥타이에 정장 차림이라뇨?"

"자네 이름이 뭔가?"

"샘입니다."

"샘. 자네는 오늘부터 공부를 해야 할 거야. 내가 그렇게 만들 테니깐. 그리고 농구를 좋아한다는 녀석이 만날 꼴찌만 하다니. 실력이 나쁜 거야? 머리가 나쁜 거야?"

"그건…."

"내게 변명 따윈 필요 없어. 그리고 정장 차림으로 오라고 한 것은 너희가 '교육을 받기 위해 나 스스로 아주 진지한 마음가짐을 갖고 있다'는 메시지를 보여주라는 뜻이다. 그리고 오늘 이 순간부터 동료 간에도 말끝에는 '서(Sir)'란 경칭을 붙이도록 한다. 선배고 후배고 상관없다. 진정한 승자는 남을 생각하고 겸손하다. 승자는 팀워크에서 실력이 나온다는 사실을 알고 있다. 너희도 오늘부터 그걸 알아야 해."

여기저기서 반발의 소리가 들려왔다.

"젠장 더러워서 농구 못하겠네."

"여기가 무슨 군대야!"

몇몇은 농구장 문을 박차고 나갔다. 카터는 그들의 행동을 물끄러미 지켜봤다.

다음날 학생들이 농구장에 왔을 때 출입구가 자물쇠로 꽁꽁 채워져 있었다.

"이제 별짓을 다하는구만."

"제법 고집이 있는 코치인데."

소식을 들은 교장과 선생님, 학부모가 몰려왔다. 학생들과 학부모들의 거친 항의에도 켄 카터는 눈썹도 까딱하지 않았다.
"내 룰을 따르지 않는 사람은 단 한 명도 이 연습장에 들어갈 수 없어!"
학생들은 어쩔 수 없이 카터의 룰에 따르기로 했다. 교장 선생님의 제안을 수용했을 때 카터는 마음속에 두 가지 목표를 세웠다. 하나는 4년째 최하위 팀에 머물고 있는 농구팀을 정상으로 이끄는 것. 또 하나는 목표도 없이 방황하는 농구부 아이들이 지금보다 더 나은 삶을 살아갈 수 있도록 제대로 교육시키고 졸업시켜 대학에 진학시키는 것. 카터는 첫 번째 목표를 달성하기 위해 혹독한 훈련을 시키고 규율을 따르도록 가르쳤다.
"코치가 아니라 저승사자야!"
"젠장, 전학을 가든지 해야지."
"그래도 팀워크가 단단해지고 있는 것은 사실이야."
카터의 코치에 아이들은 점점 적응이 되어갔다. 지각하는 학생들에게 팔굽혀펴기 200회, 농구코트 1000번 돌아뛰기 등의 벌칙도 주저하지 않았다.
시합 성적도 점점 올라갔다. 문제는 두 번째 목표였다. 아이들의 공부 성적은 예전과 같이 꼴찌에 머물렀다. 카터는 다시 연습장 문을 자물쇠로 잠궜다. 이 희대의 사건은 지방신문에서 시작해 전국 언론사로 퍼져 논란의 대상이 되었다. 하지만 카터는 아랑곳하지 않았다.
—나를 찾으려면 도서관으로 올 것. 켄 카터.

참다못한 농구팀의 학부모들이 단체로 그에게 항의하러 도서관으로 향했다. 카터는 도서관에 앉아 역사책을 읽고 있었다. 성질 급한 한 부모가 그에게 다가가 물었다.

"농구하는 학생이 공부가 왜 필요합니까? 대학 갈 것도 아닌데."

"어머님. 지금 우리 학교 성적으로는 졸업하고 나서도 받아줄 팀이 없습니다. 프로는 고사하고 아마추어 팀도 없습니다. 그럼 아이들은 어떻게 될까요?"

"…."

"여기 리치몬드는 범죄가 우글거리는 곳입니다. 학교를 졸업하는 것보다 전과자가 될 확률이 더 높지요. 거리에서 총에 맞아 사망하는 일도 다반사입니다. 어머님도 이 지긋지긋한 가난에서 벗어나고 싶지 않으세요? 어른들이 아무도 기대하지 않고 희망을 주지 않기 때문에 아이들은 주변 환경에 적응해 마약을 팔러 다니고 인생을 망칩니다."

"그렇지만…."

"아이의 미래를 생각하세요. 전 녀석들을 전부 대학에 보낼 겁니다. 부상이나 다른 사정으로 농구를 하지 못한다고 해도 사회에 나가 당당한 직업을 가지고 당당한 마음으로 살 수 있게 할 겁니다."

"하지만 대학은 등록금이…."

"그건 걱정마십시오. 녀석들에게는 농구라는 커다란 무기가 있으니까요. 농구는 흑인에게 단순한 스포츠가 아닙니다. 어쩌면 가난으로부터 벗어날 수 있는 유일한 출구일지도 모릅니다. 반드시 좋은 성적을 거두어 특기생으로 입학할 수 있도록 하겠습니다. 그러니 저를 믿고 아드님이 좋은 성적도 내고 농구도 할 수 있게 도와주세요."

이후 리치몬드 고교 팀은 16연승이라는 놀라운 성적을 거두었다. 4승 22패로 4년 연속 꼴찌를 했던 팀으로서는 대단한 성적이었다. 팀은 주 챔피언 결승전에도 올랐다.

카터는 한 인터뷰에서 이렇게 말했다.

"제가 아이들에게 강조한 철학은 딱 두 가지입니다. 하루 1%씩만 좋아지도록 노력하라. 그럼 100일 뒤에는 100%가 향상된다. 그리고 평균에 만족하지 말라. 평균에 만족해서는 아무것도 이룰 수 없다."

카터는 2000년 '캘리포니아 주 최고의 코치 상'을 받았다. 《시티플라이트 뉴스매거진》으로부터 그해 스포츠 부문 '가장 영향력 있는 흑인 미국인 10명'에 선정되기도 했으며, 2005년에는 사무엘 잭슨 주연의 영화 〈코치 카터〉가 제작되어 미 박스 오피스 1위를 차지하기도 했다.

자신의 신념과 생각을 굽히지 않았던 카터는 지금 어려운 환경에 놓인 학생들의 학업을 돕는 '켄 카터 코치 재단'을 설립할 만큼 미국 교육계의 영향력 있는 인사가 되었다.

 멘토는 당신과 가까운 곳에 있다

멘토라는 단어는 《오디세이아》에 나오는 오디세우스의 충실한 조언자의 이름에서 유래되었다. 오딧세이가 트로이 전쟁에 출전하면서 집안 일과 아들의 교육을 그의 친구인 멘토에게 맡긴다. 무려 10여년 동안 멘토는 친구, 선생, 상담자, 때로는 아버지가 되어 그를 잘 돌보아주었다. 이후로 멘토라는 그의 이름은 지혜와 신뢰로 한 사람의 인생을 이끌어주는 지도자와 동의어로 사용되었다.

하지만 멘토의 진정한 의미는 나를 세상 속으로 당당하게 나아가게 돕는 사람이다. 내 재능을 키워주고 아껴주고 격려해주는 사람. 내 가치를 나보다 더 잘 알고 늘 기도해주는 사람. 당신은 그런 멘토가 있는가? 멘토를 멀리서 찾으려고 하지 마라. 멘토는 TV나 책에 있지 않다. 당신은 이미 부모님이라는 훌륭한 멘토를 가지고 있다.

"너는 세상 다른 아이들에게 없는 훌륭한 장점이 있어. 그래서 이 세상에는 너만이 감당할 수 있는 일이 너를 기다리고 있단다. 그 길을 찾아가야 한단다. 너는 틀림없이 훌륭한 사람이 될 거야."

이는 아인슈타인의 어머니가 아들에게 자주 했던 말이다. 부모님만큼 당신을 잘 아는 사람도 없다. 부모님의 멘토링은 숨겨져 있어 잘 나타나지 않지만 당신의 인생에 있어 든든한 보증수표와 같다. 난관에 부딪히면 부모님과 상의하고 부모님의 말에 귀를 기울여라. 당신이 어떤 말을 하든 다 들어주고 받아줄 것이다. 해결책을 제시해주는 것은 물론이다.

……

하느님, 죽어도 좋습니다.
이 이상 아무것도 바라지 않겠습니다.
아, 하느님 죽어도 좋습니다.
이 이상 아무것도 바라지 않겠습니다.
죽어도 좋습니다. 사랑으로 죽을 수 있다면!

생각대로 ⑩ | 천상의 목소리를 지닌 테너 루치아노 파바로티

성공하기 위해 경쟁해야 하는 상대는 바로 나 자신이다

1988년 독일 오페라 하우스에서 〈사랑의 묘약〉이 공연되고 있었다. 위대한 작곡가인 도니체티가 6주 만에 완성한 이 오페라는 한 마을에 사는 가난한 청년 네모리노와 같은 마을에 사는 대지주의 딸 아디나의 사랑이야기를 다루고 있다. 바람둥이 벨꼬레와 사이비 약장수 둘까마라가 이들의 사랑을 가로막지만 결국 둘은 행복한 사랑을 이룬다.

이 오페라의 하이라이트는 자신의 참 마음을 알고 눈물을 흘리는 아디나의 모습을 보고 네모니노가 기뻐서 부르는 〈남 몰래 흘리는 눈물〉이다.

남 몰래 흘리는 눈물
한 방울이 눈에 맺혔다.
쾌활한 아가씨들 부러워하고 있네.
이 이상 무엇을 알 필요가 있을까?
이 이상 무엇을 알 필요가 있을까?

사랑하고 있어, 나를.
그녀가 나를. 알 수 있지, 나는.
한순간, 그녀의 아름다운
가슴의 두근거림이 들리고
내 한숨이 잠시 동안
그녀의 한숨과 섞이는 것이.

그녀의 가슴의 두근거림이 들리고
내 한숨이 그녀의 한숨과 섞이는 것이.

하느님, 죽어도 좋습니다.
이 이상 아무것도 바라지 않겠습니다.

아, 하느님 죽어도 좋습니다.
이 이상 아무것도 바라지 않겠습니다.
죽어도 좋습니다. 사랑으로 죽을 수 있다면!

한 가수가 무대 위로 천천히 걸어나오며 〈남 몰래 흘리는 눈물〉을 불렀다. 그의 애절한 목소리에 사람들은 숨이 멈춘 듯이 꼼짝도 하지 못했다. 오페라장은 슬픔과 감동, 사랑의 기쁨으로 가득 찼다. 마침내 그의 노래가 끝났다. 그리고 막이 내렸다. 관중은 일제히 일어나 박수를 치기 시작했다.

"짝짝짝!"

"짝짝짝!"

이렇게 박수가 이어지자 몇 분 후에 커튼이 다시 올라왔다. 노래를 부른 가수는 무대 중간으로 나와 관중을 향해 감사의 마음을 담아 인사를 했다. 그리고 천천히 무대 밖으로 나갔다. 커튼이 닫혔다. 하지만 관중의 박수소리는 끊이질 않았다. 다시 커튼이 열리고 인사가 이어지고, 커튼이 닫히면 박수가 이어지고.

이렇게 165번의 커튼콜이 이어졌고 박수소리는 1시간 7분이나 계속되었다. 기네스북에도 기록된 이날의 앵콜을 이끌어낸 가수는 20세기 성악가의 대명사이자 플라시도 도밍고, 호세 카레라스 등과 함께 '세계 3대 테너'로 불리는 루치아노 파바로티 Luciano Pavarotti 였다.

파바로티는 1935년 10월 12일 이탈리아 모데나 교외에서 태어났다. 어린 시절 그의 집안은 가난했다. 아버지는 빵을 굽는 사람이었고 어머니는 담배공장에서 일했다. 가난했지만 낙천적인 소년이었던 파바로티는 노래 부르기를 좋아했다. 음악을 좋아했던 아버지 덕분에 카루소의 음반도 수없이 들을 수 있었다.

파바로티는 그 또래의 아이답게 놀기를 좋아했다. 축구뿐만 아니라 농구, 배구, 럭비, 복싱 등 운동이라면 가리지 않고 했다. 실력도 다른 아이들보다 뛰어났다. 무럭무럭 자란 그는 어느새 대학 입학을 앞에 두고 있었다.

"아버지, 전 음대에 가고 싶어요."

"루치아노, 네가 음악을 좋아한다는 것은 나도 잘 안단다. 게다가 소질도 있지. 하지만 음악은 취미로 얼마든지 할 수 있어. 졸업하고 안정된 직장을 얻을 수 있는 대학으로 가렴."

파바로티는 아버지의 충고대로 현실적인 선택을 했다. 사범대를 선택해 그곳에서 초등학교 교사 자격증을 땄다. 그리고 2년 동안 초등학교에서 아이들을 가르쳤다.

어느 날 음악실 옆을 지나가던 파바로티는 아이들이 노래 부르는 모습을 보게 되었다. 선생님의 지휘에 맞춰 노래를 부르는 아이들의 모습이 평화롭고 행복해 보였다. 자신의 어린 시절이 생각났다.

"나도 노래를 부르고 싶어. 이제 내가 마음먹은 대로 할 수 있는 나이가 되었어. 난 노래를 해야 돼. 그게 앞으로의 내 인생과 관련 있을 거야."

파바로티는 어떤 일이든 더 잘할 수 있다고 생각하면 그 일을 해야 하는 성미였다. 파바로티는 다음날 학교에 사표를 제출했다. 그리고 본격적인 노래 공부를 시작했다.

"딱 서른 살까지야. 그때까지 음악으로 성공하지 못하면 그만두는 거야."

그날부터 파바로티는 낮에는 보험회사 세일즈맨으로 일하며 프로 가수인 아리고 폴라에게 음악 수업을 받았다. 성격이 낙천적이고 붙임성이 좋은 그는 보험회사에서 꽤 많은 돈을 벌었다. 그는 회사를 그만두고 음악 공부에만 전념했다. 루치아노는 그렇게 꼬박 6년 동안 성악 공부를 했다. 하지만 그에게 자신의 실력 발휘를 할 수 있는 기회가 좀처럼 주어지지 않았다. 이따금씩 작은 도시에서 독창회를 가졌지만 출연료는 무대사용료를 제하면 아무것도 남는 게 없었다.

노래를 영원히 포기하려는 순간 그동안 갈고 닦은 그의 목소리가 서서히 진가를 드러내기 시작했다. 레지오 에밀리아 성악콩쿠르에서 우승을 차지한 것이 계기가 되어 푸치니의 〈라보엠〉에서 로돌프 역을 맡았다. 그는 박수 갈채를 받았고 첫 오페라 무대는 파바로티에게 주요 오페라 하우스에 초청받을 수 있는 중요한 발판이 되었다.

1963년 그에게 또 한 번 운명 같은 만남이 찾아왔다. TV로 방영되기로 한 코벤트 가든 공연에서 당대 최고의 대테너 스테파노를 대신하여 〈라보엠〉의 로돌프 역을 맡게 된 것이다.

"로돌프 역이라면 자신 있어. 그동안 갈고 닦은 실력을 마음껏 보여줄 수 있는 좋은 기회야."

막이 오르고 자신의 순서가 되자 파바로티는 노래를 부르며 천천히 무대 중간으로 다가갔다. 여기저기서 웅성거림이 들려왔다.

"저건 스테파노가 아니잖아?"

"처음 보는 가수인데?"

파바로티의 목소리가 코벤트 가든을 향해 울려 퍼졌다. 파바로티에 대해 전혀 알지 못했던 관중은 그의 아름답고 매력적인 목소리에 열광했다.

"브라보!"

텔레비전을 보고 있던 시청자도 처음 보는 파바로티의 당당한 모습과 애절하고 슬프고, 박력 있는 음성에 매료되었다. 파바로티는 하루아침에 스타가 되었다. 한 비평가는 '신이 주신 목소리'라고 극찬했다.

이 역사적인 공연을 시작으로 파바로티의 인기와 명성은 점점 높아져갔다. 〈라보엠〉, 〈라트라비아타〉, 〈리골레토〉 등 그의 레퍼토리는 점점 늘어났고 프랑스, 스페인, 헝가리, 폴란드 등지로 유럽 순회 공연도 했다. 공연은 대성공이었다. 공연이 끝날 무렵 한 사내가 그를 불렀다.

"자네가 파바로티인가?"

파바로티는 이 범상치 않은 사내의 포스에 기가 눌렸다.

"자네 노래는 잘 들었네. 감동적이고 아름다운 목소리더군. 어때 나와 함께 일해보지 않겠나. 몇 달 후에 밀라노 스칼라 극장에서 〈라보엠〉 공연이 있네. 자네가 로돌프 역을 맡아주었으면 좋겠네."

"하지만 제가 그렇게 큰 무대에….'

"자넨 할 수 있네. 그리고 루치아노, 목표를 낮게 잡지 말게나. 더 높은 목표를 향해 나아간다는 신념으로 세계 최고가 한 번 되어 보게나."

이 사내의 이름은 헤르베르트 폰 카라얀. '클래식의 황제'로 불리는 세계적인 지휘자의 눈에 파바로티가 각인되는 순간이었다.
　이 위대한 성악가에게도 약점은 있었다. 그는 정식으로 음악 공부를 하지 못한 탓인지 악보를 읽을 줄을 몰랐다. 그래서 악보에 쓰인 음악용어들을 자신만의 기호를 사용해서 표시해두곤 했다. 연기력도 부족했다. 하지만 철저한 자기관리가 있었다. 이 자기관리가 누구보다 다양한 레퍼토리를 소화했고 40년 이상 현역 성악가로 활동한 원동력이 되었다.
　2006년 7월 파바로티는 췌장암 수술을 받았지만 비대한 몸은 수술을 이겨내지 못했다.
　"음악을 위한 삶은 환상적이었고 그로 인해 나는 인생을 음악에 바쳤다."
　초등학교 교사를 거쳐 보험회사 세일즈맨에서 세계적인 성악가가 된 파바로티. 그의 성공은 자신의 꿈을 잃지 않고 끊임없이 도전한 집념과 노력의 결과물이었다.

인생은 소중한 선물이다

"이렇게 생각하며 살라. 그대는 지금이라도 곧 인생을 하직하지 않으면 안 되는 것이라고. 이렇게 생각하며 살라. 당신에게 남겨져 있는 시간은 생각지 않은 선물이라고."

로마제국의 제16대 황제이자 《명상록》으로 유명한 마르쿠스 아우렐리우스의 명언이다. 선물을 받는 것은 기쁜 일이다. 하지만 당신은 이미 인생이라는 큰 선물을 받았다. 갓난아이를 안은 부모들이 "이 아기는 내 인생 최고의 선물"이라고 말하는 것은 무엇을 의미하는가? 당신은 부모님과 당신을 사랑하는 이들에게 있어 소중한 선물이라는 점을 잊지 마라.

인생이라는 소중한 선물을 어떻게 쓰느냐는 오직 당신의 자유이다. 시간을 낭비하는 데에 쓸 수도 있고 일과 사랑에 열정을 바치며 사용할 수도 있다. 당신의 가치와 행복이 높아질수록 당신을 큰 선물이라고 생각하는 사람들의 가치와 행복도 함께 높아진다는 사실을 기억하라.

……

나는 손이 하나 없다는 데에
신경 쓰지 않습니다.
야구장을 향할 때마다
나는 내 팔을 보지 않았습니다.
나는 내 '꿈'을 보았습니다.

생각대로 ⑪ | **조막손으로 노히트 노런을 기록한 야구선수 짐 애보트**

희망이 사라질 때까지
결코 불가능이란 없다

    1993년 9월 4일. 스타플레이어의 산실 뉴욕 양키스와 클리블랜드 인디언스의 경기를 보기 위해 수많은 사람이 뉴욕 양키스 스타디움으로 모여들었다. 시작부터 열기가 뜨거웠다.
    "클리블랜드 인디언스를 지옥으로!"
    "뉴욕 양키스여, 영원하라!"
    오늘날엔 추신수 선수가 소속된 팀으로 하위권에 머무르고 있지만 당시 클리블랜드 인디언스는 강력한 타선을 바탕으로 매 시즌마다 강력한 우승후보였다. 당대 최고의 강타자 알버트 벨, 홈런왕 짐 토미, 당시 신인이었던 매니 라미레즈 등이 주요 멤버였다.

이에 맞서는 뉴욕 양키스의 선발투수는 짐 애보트^Jim Abbott였다. 마운드에 선 짐은 숨을 크게 한 번 들이마셨다. 오른손에 글러브를 낀 짐은 왼손으로 힘차게 공을 던졌다. 하지만 이상한 점이 눈에 띄었다. 오른손은 글러브에 제대로 낀 것이 아니라 걸쳐 있었던 것이다. 그랬다. 짐 애보트는 오른손이 없는 조막손 투수였다.

1967년 미시건 주 사우스필드에서 태어난 애보트는 오른쪽 팔이 없는 장애아로 태어났다. 하지만 한쪽 팔이 없음에도 불구하고 어린 시절부터 스포츠에서 뛰어난 실력을 보였다.
"짐, 넌 무엇이든 할 수 있어."
부모는 짐에게 꿈과 희망을 줬다.
어느 날 미식축구 코치가 찾아와 그에게 말했다.
"짐, 미식축구를 해보지 않겠나? 자네는 순발력과 판단력이 뛰어나네. 자네의 실력이라면 우리 팀이 우승하는데 큰 도움이 될 거야."
"코치님, 저는 미식축구보다 야구가 더 좋습니다. 야구를 하고 싶습니다."
"하지만 자넨 한쪽 손이…"
"네, 잘 알고 있습니다. 하지만 불가능은 없다고 생각합니다."
짐은 그렇게 야구와 인연을 맺었다. 그는 무엇보다 훌륭한 투수가 되고 싶었다. 하지만 한쪽 손이 없는 것은 투수에겐 치명적인 약점이었다. 무엇보다 공을 잡을 수가 없었다.
"튕!"

짐은 그날부터 훈련을 시작했다. 가장 많이 한 훈련은 벽에 공을 튕긴 후 막아내는 것이었다. 왼팔로 공을 던진 후 오른쪽 팔목에 올려놨던 글러브를 재빨리 왼팔에 끼고 공을 잡는 과정을 수없이 반복했다. 자신의 약점을 강점으로 승화시키는 순간이었다. 이렇게 해서 이른바 '애보트 스위치'라는 자신만의 투구법과 수비법을 완성했다.

"나는 결코 포기 따위는 하지 않을 거야."

짐은 오직 실력으로 자신의 존재를 증명해 보이기 시작했다. 고등학생이 되어서는 지역에서 실력을 인정받는 좌완투수로 우뚝 성장했다.

드디어 애보트에게 프로에서 뛸 기회가 왔다. 토론토 블루제이스에서 36라운드 하위지명을 받은 것이다. 짐은 뛸 듯이 기뻐하며 이 반가운 소식을 부모님에게 알렸다. 하지만 부모님의 얼굴은 그리 밝지 않았다.

"짐, 난 네가 자랑스럽구나. 아빠도 네가 프로에서 뛰는 걸 보고 싶어. 하지만 네가 대학에 들어가서 좀 더 많은 공부를 했으면 좋겠다. 대학에도 야구팀이 있고, 졸업하고 나서 프로를 가도 늦지 않을 거야. 아빤 네가 머리로 야구를 하는 영리한 투수가 되었으면 좋겠다."

짐은 아버지의 뜻에 따라 미시건 대학으로 진학했다. 그리고 여기에서 뜻하지 않은 기회를 맞이하게 되었다.

"미시건 대학의 에이스인 우리 짐!"

연습장에서 한창 연습을 하고 있던 짐에게 감독이 종이 한 장을 흔들며 다가왔다.

"기적 같은 일이 벌어졌네. 네가 미국 야구대표로 뽑혔어. 어서 서울올림픽에 참가할 준비를 하게. 가서 미시건 대학의 에이스가 얼마나 매서운지 세계인들에게 보여주고 오라고."

짐은 믿기지 않은 얼굴로 감독을 쳐다봤다. 장애인 올림픽도 아니고 일반 올림픽에 그것도 미국 대표로 뽑힌 자신이 마냥 대견스럽기만 했다. 더욱이 그는 그저 인간승리를 알리기 위한 홍보용이나 벤치를 지키는 투수가 아니었다. 당당한 선발. 특히 1984년 LA올림픽 우승팀인 일본과의 결승전에서 그는 선발로 출장했다. 이 경기에서 놀라운 일이 벌어졌다.

"저 괴물 같은 투수가 누구지요?"

"짐 애보트라는 투수입니다. 대단하네요. 막강 일본을 상대로 9회까지 마운드를 지켰습니다. 완투승입니다. 일반인들도 하기 어려운 완투를….”

세계 외신들은 이 기적 같은 인간 드라마에 놀라움을 표시했다. 금메달을 목에 걸고 미국으로 돌아온 짐에게 많은 프로팀이 손을 내밀었다. 그해 짐은 캘리포니아 에인절스를 선택해 메이저리그 선수가 된다.

─마이너리그를 거치지 않고 바로 메이저리그에 입성한 역대 16번째 선수.

사람들은 자랑스러운 금메달리스트에게 우레와 같은 박수를 보냈지만 짐을 향한 전문가들의 시선은 너그럽지 않았다.

"여기는 메이저리그야. 인기를 등에 업은 풋내기 선수는 어림없는 곳이지. 실력이 곧 성적이고, 성적이 곧 돈이야."

"한 쪽 팔이 없는 게 큰 걸림돌이 될 거야. 쉽지 않을 거야. 더구나 수비에서 약점을 드러낼 거야."

하지만 전문가들의 예상은 무참히 깨졌다. 그는 데뷔한 해 무려 12승이라는 놀라운 성적을 거뒀다. 그리고 1991년에는 18승을 올려 전문가들의 코를 납작하게 만들었다. 방어율 2.89로 사이영 상 투표 3위에 오른 무서운 성적이었다. 하지만 그에게도 약점이 있었다.

"번트야, 번트. 오른손이 없는 애보트에게는 번트가 쥐약이야."

상대팀은 집요하게 애보트의 약점을 파고들었다. 죽이지 않으면 죽고 마는 전쟁터, 그게 바로 메이저리그의 속성이자 승부의 세계였다. 하지만 자신의 신체적인 약점을 노려 번트를 댈 때마다 그는 수없이 많은 연습을 했던 스위치 수비법을 발휘해 위기를 넘겼다.

이제 짐은 메이저리그를 대표하는 선수가 되었고 여러 팀이 원하는 투수로 우뚝 성장했다. 그리고 메이저리그 선수라면 누구나 꿈꾸는 뉴욕 양키스의 투수가 되어 또 하나의 기적을 만들기 위해 천천히 마운드로 올랐다.

아직 가을이라고 하기에는 무더운 1993년 9월 4일의 양키스 스타디움. 막강 타선을 자랑하는 클리블랜드 인디언스는 짐 애보트의 투구에 속수무책으로 당했다.

"대단합니다. 짐 애보트가 최강의 투구를 하고 있습니다."

아나운서가 흥분된 목소리로 말했다. 8회말 수비가 끝난 후였다.

"8회말까지 짐 애보트는 막강 클리블랜드를 상대로 단 하나의 안타도 허용하지 않고 있습니다. 어쩌면 오늘 이 경기장에서 역사적인 노히트 노런이 달성될지도 모릅니다."

경기장의 흥분은 극에 달했다. 인디언스의 공격이 끝나고 9회말 뉴욕 양키스의 마지막 수비가 남았다. 스코어는 4대 0으로 뉴욕 양키스가 이기고 있었다. 모자를 눌러쓰고 오른팔에 글러브를 걸친 짐 애보트가 마운드에 오르기 위해 걸어나가자 관중이 일제히 일어나 박수를 쳤다.

"짐, 본때를 한번 보여줘!"

"야구 역사를 자네가 다시 쓰게나!"

"사랑해요, 짐!"

여성 관중은 눈물을 흘리며 열렬히 짐의 이름을 외쳤다. 드디어 9회말이 시작되었다. 짐 애보트는 타석을 향해 힘찬 투구를 던졌다.

"앗!"

첫 번째로 나온 선수가 기습적인 번트를 댔다. 짐의 약점을 파고든 것이다. 하지만 다행이도 번트는 파울이 되고 말았다. 관중석에서 벼락 같은 야유가 쏟아졌다.

"정정당당하게 하라구!"

타자는 멋쩍은 듯 고개를 떨구었다. 하지만 승부는 승부였다. 그는 방망이를 짧게 잡았다.

"탁!"

공은 방망이 중간에 제대로 맞았다. 그리고 빠른 속도로 짐 애보트에게로 날아갔다. 짐은 점프를 했지만 글러브를 스치고 지나갔다. 노히트 노런이 깨지려는 순간이었다. 하지만 그에게는 든든한 지원군들이 있었다. 그의 글러브를 스친 타구를 2루수가 재빨리 달려와 1루에 뿌려 아웃되었다.

원 아웃. 두 번째 타자가 나왔다. 그는 짐 애보트를 한번 노려보며 방망이를 잡았다.

"탁!"

그의 방망이가 힘차게 돌아갔다. 좌익선상을 가르는 2루타성 타구였다. 빠르게 날아가는 타구를 향해 좌익수가 뒷걸음치며 어렵사리 잡아냈다. 투 아웃. 이제 한 명의 타자만 아웃시키면 역사적인 노히트 노런이 달성되는 순간이었다. 뉴욕 양키스 벤치에서 경기를 지켜보던 선수들이 일제히 일어났다. 관중석도 흥분의 도가니였다. 아나운서는 흥분을 감추지 못하고 눈물 섞인 목소리로 말했다.

"마운드에 올라 9이닝 동안 안타를 하나도 내주지 않는다는 것은 모든 투수의 꿈입니다. 오늘 짐 애보트가 그걸 달성할 수 있을지 기대됩니다. 이제 남은 것은 한 명의 타자입니다."

마지막 선수가 등장했다. 긴장한 모습이 역력했다. 하지만 마운드에 선 짐 애보트의 표정에는 변화가 없었다. 짐 애보트는 천천히 와인드 업을 했다. 공이 스트라이크 존에서 약간 낮게 날아갔다.

"딱!"

크고 경쾌한 소리였다. 하지만 뉴욕 양키스의 유격수는 이 공을 놓치지 않았다. 재빨리 잡아 1루로 뿌렸다.

"와!"
"오 마이 갓!"

게임 오버. 믿기지 않은 승리였다. 무엇보다 노히트 노런이었다. 메이저리그의 30개 팀이 1년 동안 평균 1~2개밖에 달성하지 못한다는 노히트 노런을 일반인도 아닌 조막손 투수인 짐 애보트가 달성하는 순간이었다. 미국 전역은 이 놀라운 사건에 흥분하기 시작했다.

짐 애보트의 이 감동적인 실화는 많은 이에게 꿈과 희망을 안겨 주었다. 그 후 그는 10년간 87승을 거두며 방어율 4.25로 인간 승리의 주인공이 되었다. 그는 내셔널리그로 옮겨서 한 팔로 두 개의 안타를 때려내기도 했다. 1996년 6월 21일 경기를 마지막으로 마운드를 떠난 그는 여전히 바쁜 삶을 살고 있다. 전국을 돌며 장애인들에게 힘과 영감을 불어넣어주고 있고 유명 대기업의 전속 강사로도 활동하고 있다. 지난 2002년 애너하임 에인절스와 샌프란시스코 자이언츠의 월드시리즈 7차전 시구자로 나서 건재함을 과시하기도 했다.

한 기자가 그에게 물었다.
"당신처럼 성공하기 위해서는 어떻게 해야 합니까?"
짐이 웃으며 대답했다.
"꿈이 있으면 됩니다. 나는 손이 하나 없다는 데에 신경 쓰지 않습니다. 야구장을 향할 때마다 나는 내 팔을 보지 않았습니다. 나는 내 '꿈'을 보았습니다."

―할 수 있다고 믿으면 모든 것이 가능해진다.

짐 애보트는 이 말을 굳게 믿었다. 그에게 불가능이란 없었다. 그저 생각대로 살고, 실천에 옮겼을 뿐이다. 이 위대한 선수는 다음과 같은 명언을 남겼다.

"희망이 완전히 사라질 때까지 결코 불가능은 없다는 말을 잊으면 안 됩니다. 장애는 성공을 위해 넘어야 할 하나의 단계에 불과할 뿐입니다."

 꿈꿀 수 있는 권리를 포기하지 마라

여기 한 여자가 있다.

너무나 가난했던 여자는 결혼식도 올리지 않은 부모 사이에서 태어나 아홉 살 때 사촌오빠에게 강간을 당해 깊은 상처를 입었다. 그 상처는 14세 때까지 계속되었으며 친척들의 모진 구박과 학대 속에 자랐다. 또 14세에 미혼모가 되었고 아기의 죽음을 지켜봐야 했다. 뚱뚱한 몸매의 흑인, 하지만 그녀는 불우했던 과거를 뛰어넘어 막대한 인기와 부를 이루었고 세계적으로 존경받는 방송인이 되었다. 그녀의 이름은 오프라 윈프리.

지금은 막을 내렸지만 전 세계적으로 인기를 끌었던 〈오프라 윈프리 쇼〉의 인기비결은 그녀의 아픈 과거와 그녀의 진솔한 고백 덕분이었다. 그리고 무엇보다 게스트들에 대한 배려와 시청자 편에 서서 이해하려고 노력했던 넓은 마음과 성실함이 있었다.
"인생의 승리자가 되려면 책임지는 사람이 되어야 합니다. 과거에 머물러서 그 과거가 지금 당신을 지배하도록 놔둔다면 결코 성장할 수 없습니다. 열정을 다해 살아가세요. 그렇지 않으면 아무 생각없이 스쳐 지나갑니다. 그런 인생에는 목표도 열정도 없습니다."
당신이 어떤 꿈을 꾼다는 것은 그 꿈을 이룰 수 있는 길이 이미 시작되었다는 의미이다. 멈추지 말고 나아가라. 당신의 직관을 믿어라.

......

내가 죽더라도 묘지를 만들지 마라.
그 땅에 나무 한 그루를 더 심어라.

생각대로 ⑫ | **평생을 바쳐 천리포수목원을 가꾼 민병갈**

인생은 길어야
백 년이다

"이렇게 아름다운 곳이 있다니!"

스물다섯 살의 칼 밀러 중위는 인천 제물포항에 내려 주위를 둘러보았다. 얼마 전까지 근무했던 일본 오키나와와는 전혀 다른 분위기였다. 무엇보다 하얀 옷을 입고 활기차게 돌아다니는 사람들의 얼굴에서 친근함이 엿보였다.

"마치 고향에 돌아온 기분이군."

때는 1945년 9월 8일, 해방 직후였다. 미국 펜실베니아 주 태생으로 버크넬 대학에서 화학을 전공한 칼 밀러는 러시아어와 독일어를 할 줄 알았고 취미 삼아 한자를 배우기도 했다. 콜로라도 대학의 해군정보학교에서 일본어까지 섭렵한 그는 오키나와에서 미군사령부의 통역장교로 근무하다 한국으로 배치되었다.

"자네의 임무는 쫓겨가는 일본인들의 재산 반출을 막는 것이네."

"네, 최선을 다해서 막아 보겠습니다."

칼 밀러는 맡은 임무 때문에 일본인들이 이 땅에서 저지른 죄악이 얼마나 큰지 알 수 있었다. 36년의 일본강점기 기간 동안 고통받았을 이 땅의 주인들을 생각하니 가슴이 저려왔다. 미국의 작은 광산마을에서 자란 어린 시절이 떠올랐다. 그 역시 가난하고 힘든 시절을 보냈다. 2남 1녀 중 장남으로 태어난 그는 열다섯 어린 나이에 아버지의 임종을 지켜봐야 했다.

한국에서의 군 복무를 마친 칼 밀러는 다시 미국으로 돌아갔다. 하지만 몇 개월도 채 되기 전에 그의 머릿속에는 한국의 자연과 사람들의 모습이 자꾸 나타났다.

"내 마음이 자꾸만 한국으로 가라고 하네. 이건 운명일 거야. 가자, 한국으로. 내가 해야 할 일이 거기 있을 거야."

그는 다시 한국으로 건너와 한국은행에 지원서를 냈다.

"미국에서 전쟁 영웅 대접을 받으며 편안하게 사셔도 될 텐데 굳이 다시 한국으로 온 이유라도 있습니까?"

면접관이 서류를 살펴보며 의아하다는 듯이 물었다.

"저도 그게 궁금합니다. 왜 자꾸만 한국이 저를 부르는지를. 저는 그저 제 생각과 마음이 시키는 대로 온 것뿐입니다. 한국은행이 지금보다 더욱 성장하기 위해서는 제 경험이 도움이 될 겁니다. 전 영어,

러시아어, 일본어, 한국어 등이 다 가능합니다."
　면접관은 그렇지 않아도 그에게 군침을 흘리던 중이었다.
"뭐 특별한 근무 조건이라도 있습니까?"
"제 조건은 단순합니다. 미국에 홀로 계신 어머니를 정기적으로 만나러 가야 합니다. 그 휴가를 보장해주십시오."
　효자였던 칼 밀러는 한국은행에 근무하면서 휴일을 이용해 등산을 했다. 그가 최초로 오른 산은 서울의 남산이었다. 근무지에서 가까운 남산은 그에게 알맞은 산책 코스였다. 무엇보다 서울 시가가 한눈에 내려다보이는 게 인상적이었다.
　남산에서 그는 유서 깊은 고도의 전경을 마음껏 즐겼다. 그렇게 이어진 산행은 북한산, 치악산, 오대산, 속리산, 지리산까지 이어졌고 한라산까지 섭렵하는 계기가 되었다. 어렵게 울릉도에 갔을 때는 군수가 직접 마중나오기도 했다.
"울릉도가 생긴 이래 외국인 손님은 처음입니다."
　군수는 소를 잡아 마을 잔치를 베풀었다.
　이렇게 한국의 산하를 여행하던 그는 전쟁으로 민둥산이 된 모습에 안타까워했다.
"이렇게 산이 많은 나라에 나무가 별로 없다니 안타까운 일이야."
　그런데 이상한 점을 하나 발견했다. 아무리 헐벗은 산이라도 절이 있으면 그 주변에는 나무가 많다는 사실이었다.
"절 때문에 한국의 나무들이 이렇게 번성할 수 있었구나."
　칼 밀러는 스님들과 친하게 지내며 순우리말 나무 이름과 풀 이름을 배웠다. 어학 실력이 남달랐던 그에게는 어려운 일이 아니었다.

칼 밀러의 운명을 바꿔놓은 것은 어느 무더운 여름이었다. 휴가를 맞은 그는 직장동료들과 함께 만리포 해수욕장을 찾았다. 서해 낙조가 일품이었고 인심도 좋은 곳이었다. 점심 식사를 마친 그는 이웃에 있는 천리포로 산책을 나섰다. 그때 평소 안면이 있던 노인이 그의 앞에 섰다.

"아이쿠 선생님. 오늘도 산책길에 나섰습니까?"

"만리포는 언제 와도 기분이 맑아지는 곳입니다."

"사실 한 가지 청이 있어 이렇게 찾아왔습니다. 제게 과년한 딸이 하나 있습니다. 이번에 결혼하게 되었는데 제가 가진 거라고는 산과 조그만 땅밖에 없습니다. 싸게 드릴 테니 제 야산을 사주실 수 없겠는지요? 이 늙은 애비의 마지막 소원입니다."

"사정은 알겠지만 제가…."

그때 문득 칼 밀러의 머리를 스치고 지나가는 것이 있었다.

"땅이 총 몇 평인지요?"

"6000평입니다. 평당 200환씩 쳐서 120만 환 정도만 주십시오."

"좋습니다. 제가 사지요."

칼 밀러에게 그만한 돈은 있었다. 그는 언제부터인가 만리포 근처에 별장을 갖고 싶었고 무엇보다 나무를 많이 심고 싶었다.

"어쩌면 이것일지도 몰라. 내가 한국을 찾은 이유는."

칼 밀러가 땅을 샀다는 사실은 금세 소문이 났다. 여기저기에서 자신의 땅을 사달라고 사람들이 몰려왔다. 그의 땅은 어느새 1만 9000평으로 늘어나 있었다.

칼 밀러는 서울에서 실어온 낡은 기와로 천리포에 집을 지었다. 그리고 본격적으로 나무 심는 작업에 몰두했다. 하지만 난관이 있었다. 구입한 야산이 척박한 토질인데가 황량한 모래밭이었던 것. 자갈밭을 헤치고 땅을 파면 모래흙이나 염분이 섞인 황토가 나오기 일쑤였다. 나무가 자라기에는 좋지 않은 상태였다.

하지만 칼 밀러는 포기하지 않았다. 이 척박한 땅에 나무를 심고 싶었다. 미군의 도움을 받아 미군 트럭으로 서울에서 가져온 묘목을 심고 물을 주기 시작했다. 처음에는 아담한 자연농원을 꿈꾸던 그의 생각도 바뀌었다.

"세계에서 가장 아름다운 수목원으로 만드는 거야."

어느새 땅은 10만 평에서 15만 평으로 늘어나 있었다. 제대로 된 수목원 조성을 결심한 칼 밀러는 전문가들과 함께 자연입지를 조사한 결과 놀라운 사실을 알았다.

"천리포 일대는 토양은 척박해도 기후조건이 좋습니다. 같은 위도보다 따뜻한 해양성 기후이기 때문에 다양한 식물이 자랄 수 있는 좋은 환경이지요."

촌로의 간청에 못 이겨 우연히 산 땅이 천혜의 자연환경을 갖춘 곳이라니, 그에게는 커다란 행운이었다.

이 무렵 그는 한국 이름을 가지고 싶어했다.

"나는 한국에서 죽어야 할 운명인 것 같습니다. 하하. 제게도 번듯

한 이름이 필요합니다."

당시 한국은행 총재였던 민병도(閔丙燾)의 성이 자신의 성 '밀러'의 첫 발음과 비슷한 것에 착안하여 이를 따르기로 했다. 이름의 마지막 자 '갈'(渴)은 자신의 영어 이름 '칼'에서 따왔다. 그렇게 해서 그의 이름은 민병갈이 되었다.

"나무에 대해 더 공부를 해야겠어."

민병갈은 학자들과 전문가들을 찾아 나무에 대해 배우기 시작했다. 타고난 독서광이었고 어학의 귀재였던 칼 밀러는 《대한식물도감》을 수십 번이나 읽었다.

"나는 수많은 제자를 가르쳤지만 민 원장처럼 열심히 공부하는 사람은 처음 봤습니다. 나의 저서 《대한식물도감》을 얼마나 많이 읽었는지 책이 닳아 더는 글씨를 볼 수 없을 정도였습니다. 화장실에 갈 때도 책을 들고 가는 것을 봤어요. 당시 40대인데도 젊은 학생들 못지않은 학습 진도를 보이더군요. 전문서적인데도 읽는 속도와 이해가 믿어지지 않을 만큼 빨랐어요. 특히 기억력이 뛰어나 까다로운 식물 이름들을 거의 다 외우는 것을 보고 놀랐습니다."

훗날 이창복 박사는 한 인터뷰에서 이렇게 말했다.

민병갈이 된 그는 한국 귀화를 신청했다. 자신이 태어난 미국보다 두 배 이상 오래 산 곳이 진정한 그의 고향이었다. 외국인으로는 최초로 주민등록증을 받은 1호 귀화인이 된 민병갈은 미국에 홀로 있는 어머니를 모시러 갔다.

"어머니, 저와 함께 한국에서 살아요."

어머니는 그의 귀화에 반대했지만 아들의 뜻을 꺾지 못했다. 한국으로 건너온 어머니는 아들이 일구어놓은 어마어마한 수목원과 기와집을 보고 놀라움을 감추지 못했다.

"이… 이게 전부 네가 만든 거니?"

"네, 어머니. 제가 결혼도 하지 않고 평생 일군 곳이에요. 이제 이곳에서 저와 함께 행복하게 살아요."

어머니는 집 앞에 있는 나무들과 신기한 꽃들에 매료되었다. 특히 목련을 좋아했다. 라스베리 펀, 스타워즈, 볼카나 등의 목련을 볼 때마다 신기한 기분이 들었다. 어머니는 아들이 마냥 대견스럽고 자랑스러웠다. 하지만 생명은 누구도 막을 수 없었다. 어머니는 백수를 넘게 장수했지만 결국 101세의 나이로 세상을 떠났다. 그날부터 민병갈은 아침마다 목련을 찾아가 아침인사를 했다.

"굿모닝, 맘!"

어머니가 세상을 떠난 슬픔으로 민병갈은 무척 수척해졌고 말수도 줄어들었다. 혼자 있는 시간도 많아졌으며 청력도 나빠졌다. 그가 아버지처럼 따랐던 유한양행의 유일한 박사는 그가 걱정되어 수시로 천리포수목원을 찾았다.

한일 월드컵을 앞둔 2002년 4월 11일 민병갈은 세상을 떠났다. 향년 82세. 말년에 한 기자가 그에 물었다.

"왜 결혼하지 않으셨습니까?

"아마 결혼했으면 천리포수목원을 완성하지 못했을 거예요."

"한국에 살면서 가장 슬펐던 것과 기뻤던 것이 무엇입니까?"

"김치를 못 먹는 게 가장 슬펐습니다. 햇빛에 반짝이는 나뭇잎 속을 걸어갈 때, 목련꽃이 화사한 아름다움을 뽐낼 때 가장 행복했습니다. 저는 한국의 자연과 결혼했습니다."

그가 평생을 바쳐 일군 충남 태안군 소원면 의항리 '천리포수목원'은 18만 평 규모에 413종의 목련꽃을 비롯하여 6500여 종의 나무가 자라고 있다. 또한 국내 31개 수목원 가운데 가장 많은 9730여 종의 식물자원을 보유하고 있으며 2000년에는 세계에서 12번째, 아시아에서는 최초로 국제수목학회로부터 '세계의 아름다운 수목원'으로 선정되었다. 학계에서는 "세계 식물지도에 한국이 편입된 데는 민병갈 씨의 공이 컸다"고 평가했다.

한국인보다 한국을 더욱 사랑했던 칼 밀러, 아니 민병갈은 죽기 직전에 금탑산업훈장을 받았지만 투병 중이라 양아들이 대리 수상했다. 그는 죽기 직전 이런 유언을 남겼다.

"내가 죽더라도 묘지를 만들지 마라. 그 땅에 나무 한 그루를 더 심어라."

그리고 이런 말도 남겼다.

"인생은 길어야 백 년이지만 나무는 천 년까지 삽니다. 나는 적어도 300년은 내다보고 수목원을 시작했습니다. 내가 죽은 뒤에도 자식처럼 키운 천리포 나무들은 몇 백 년 더 살며 내가 제2의 조국으로 삼은 한국에 바친 마지막 선물로 남기를 바랍니다. 내가 평생을 바쳐 나무를 가꾸면서 깨달은 것은 수목원 사업은 영원한 미완성이라는 것입니다."

민병갈은 대한민국 국민에게 커다란 선물과 미래 유산을 안겨주고 떠났다. 그가 평생을 가꾸고 일군 천리포수목원은 대한민국 국민의 안식처이자 커다란 자랑으로 남게 되었다.

한국인보다 더 한국을 사랑했고 자신의 생각과 의지대로 살았던 그의 수목원은 사계절마다 다른 풍경을 자아내는 꽃과 나무로 가득하다. 마치 한 사람의 혼이 깃든 것 같은 자연 속의 또 다른 자연이 숨어 있는 듯하다.

 한 우물을 파되 물이 나올 때까지 파라

2004년 아테네올림픽 은메달에 이어 2008년 베이징올림픽에서 자신의 최고 기록을 세우며 금메달을 목에 건 장미란. 얼굴과 몸매가 최고 관심사인 여성에게 역도는 치명적인 운동이다. 하지만 그녀의 손을 본 적이 있는가? 발레리나 강수진의 발 못지않게 밉상을 하고 있지만 장미란은 그 미운 손으로 대한민국 국민에게 감동과 기쁨을 안겨주었다. 보통 남자들보다 훨씬 크고 군데군데 굳은살이 딱딱하게 박혀 있지만 어느 언론의 표현처럼 장미란은 '세상에서 가장 아름다운 손을 가진 여자'이다.

하지만 장미란에게도 아픔이 있었다. 그녀의 몸매를 두고 일부 무개념 네티즌이 '올림픽 금메달은 땄지만 시집은 못 갈 것 같다' 등의 공격을 했다. 그녀는 한 토크쇼에 나와 자신의 생각을 말했다.
"또래 여자들이 화장할 때 난 송진가루를 묻혔고, 그들이 다이어트를 할 때 난 야식을 먹어야만 했습니다."
그런 장미란에게 역도는 삶의 큰 기쁨이자 삶의 원동력이었다. 역도를 할 수 있다는 사실에 늘 감사하며 겸손했다.
"역도는 나에게 많은 변화를 안겨줬고 많은 것을 선물해줬습니다. 내 인생에서 바벨을 들 날이, 들지 않을 날보다 짧은 것은 사실이지만 언제 이렇게 한 가지에만 집중하며 인생을 살 수 있겠습니까?"
위의 말은 슈바이처가 말한 "우물을 파되 한 우물을 파라. 샘물이 날 때까지"가 생각나게 한다.

Chapter 4

마음먹은 대로 끝까지 해라

....

먼저 큰 꿈을 가질 것.
꿈을 실현하기 위한 수단을
철저히 생각할 것.
수단이 결정되면
죽을 각오로 실행할 것.
잊지 마라.
인생은 죽을 때까지 도전의 연속이다.

생각대로 ⑬ | 무일푼으로 갑부의 꿈을 이룬 록키 아오키

인생은 죽을 때까지
도전의 연속이다

"나는 기필코 챔피언이 되겠다."

아오키 히로아키는 거울을 보며 큰 소리로 외쳤다. 그리고 그의 발걸음은 사진관으로 향했다. 미국에서 열리는 세계 아마추어 레슬링 대회에 참가하기 하루 전이었다. 그는 준비해온 레슬링 유니폼을 입은 채 미국과 일본 국기를 양옆에 걸었다. 그리고는 다시 큰 소리로 외쳤다.

"드디어 나는 우승했다!"

그의 표정과 목소리에 자신감이 묻어났다. 마치 금메달을 따고 나서 시상대에 오른 선수의 모습 같았다. 사진사는 그런 아오키가 그저 우습고 귀엽기만 했다. 아오키는 일본의 명문 게이오 중고등학교를 졸업하고 게이오 대학 경제학부에 입학했다. 어린 시절부터 스포츠를 좋아하고 모험심이 강했던 그는 레슬링부에 들어갔다. 그리고 1959년 일본 대표로 뽑혀 미국땅을 처음으로 밟았다.

드디어 대회가 시작되었다. 각국에서 참가한 학생들의 실력은 만만하지 않았다. 아오키는 매 경기마다 최선을 다해 임했다. 결승전에서는 하마터면 상대편의 기술에 걸려 질 뻔했지만 그의 머릿속에는 거울을 보고 다짐했던 생각과 우승의 순간을 찍은 사진이 있었다.

'나는 분명히 우승했어. 이 고비는 단순히 회상일 뿐이야.'

경기가 끝나는 벨이 울렸다. 시상대에 오른 그의 목에는 금메달이 걸려 있었다. 그리고 양옆에는 일본과 미국 국기가 걸려 있었다.

"아리스토텔레스가 말했지. 머릿속으로 자신이 바라는 것을 생생하게 그리면 온몸의 세포가 모두 그 목적을 달성하는 방향으로 조절된다고. 앞으로 내 인생은 내가 생각하는 대로 돌아갈 거야."

아오키는 그날 중대한 결심을 코치에게 털어놓았다.

"저는 일본으로 돌아가지 않겠습니다. 미국에 남아 돈을 벌어 부자가 될 거예요."

"이봐, 아오키. 자네는 영어도 잘 못하고 미국에 아는 사람도 없지 않은가. 게다가 자네는 무일푼일세. 자네의 마음은 잘 알겠네만 좀 더 준비를 하고 다시 오는 게 어떻겠나?"

"전 인생이 생각하는 대로 만들어진다고 생각합니다. 내 생각이 나를 만드는 동안 내 인생도 그대로 진행된다고 믿습니다. 이 땅에서 당당히 제 꿈을 펼쳐보고 싶습니다."

코치는 더는 그를 말릴 수 없었다. 한 번 하겠다고 마음먹은 일은 반드시 해야만 적성이 풀리는 사람, 그가 바로 아오키 히로아키였다.

아오키는 돈을 벌기 위해 닥치는 대로 일하기 시작했다. 영어가 중요하지 않은 식당의 접시닦기부터 정원사까지 주로 막노동을 했다. 뉴욕시립대학 시티 컬리지CCNY에 입학한 그는 레스토랑 경영학을 공부하기 시작했다.

"언젠가 멋진 레스토랑의 사장이 될 테야."

영어 공부도 열심히 했다. 틈나는 대로 미국인들을 만나 수다를 떨기 시작했다. 그리고 틈틈이 장사하는 사람들을 유심히 지켜봤다.

어느 날 퇴근길에 세계에서 가장 비싸다는 롤스로이스 자동차를 봤다. 그는 차 주인에게 부탁해서 자기 차인 것처럼 운전대를 잡고 사진을 찍었다.

"이 차를 꼭 가지고 말 거야."

아오키는 힘들 때마다 지갑 속에서 그 사진을 꺼내보며 외쳤다. 놀랍게도 6개월 뒤에 그는 롤스로이스를 구입하게 되었다. 그의 성실함에 반한 부잣집 딸이 선물로 준 것이다.

기적은 계속되었다. 뉴욕 할렘에서 시작한 이동식 아이스크림 가게가 대히트를 쳤다. 화산을 이미지화한 아이디어가 흑인들에게 큰 호응을 얻은 것이다. 돈이 점점 쌓여갈 무렵 반가운 소식이 들려왔다. 레슬링 전미선수권 대회가 열린 것. 아오키는 주저하지 않고 대회에 참가했다. 1962년부터 1964년까지 그는 자유형과 그레코만형에서 세차례나 우승하는 기염을 토했다. 이러한 성과 덕분에 1964년 미국 대표로 도쿄올림픽에 참가하게 되었다. 그에게는 로마올림픽에 이은 두 번째 올림픽 출장이었다. 하지만 미국레슬링협회로부터 청천벽력 같은 소식이 전해졌다.

―아오키는 미국시민권이 없음으로 미국 대표선수로 발탁할 수 없음.

아오키는 절망하지 않았다. 대신 미국시민권을 따기 위해 최선을 다했다. 그는 또 한 장의 사진을 찍었다. 뉴욕에서 가장 잘 나가는 레스토랑이었다.

"나는 이보다 더 멋있는 레스토랑을 차릴 거야."

아오키는 매일 그 사진을 보며 꿈을 키워나갔다. 문제는 자금이었다. 레스토랑을 차리기 위해서는 2만 달러의 자금이 필요했는데 그의 수중에는 1만 달러밖에 없었다. 보증인도 담보도 없었다. 그는 무작정 은행을 찾아갔다. 1만 달러의 예금통장과 자신의 사업계획을 열정을 다해 설명했다. 지갑 속에 있던 사진도 꺼냈다.

"전 앞으로 5년 안에 이보다 더 멋진 레스토랑의 사장이 될 거예요. 그때는 주거래 은행을 이곳으로 할게요. 제 인생에 투자해주세요. 결코 밑지는 장사는 아닐 겁니다."

열의에 감동한 은행장은 아오키의 미래와 자신감을 담보로 융자를 해주었고 뉴욕 56번가에 레스토랑을 차렸다. 레스토랑의 이름은 베니하나였다. 일본어로 '붉은 꽃(紅花)'이라는 뜻이었는데 니혼바시와 긴자에서 레스토랑을 하던 부모님의 가게 이름을 그대로 따온 것이었다. 마침내 시민권을 획득한 아오키는 부모님과 형제들을 미국으로 불러들였다. 베니하나는 주 고객을 일본 사람이 아닌 미국인으로 삼았다.

"미국에서 성공하려면 이들의 입맛에 맞춰야 해."

메뉴는 쇠고기, 치킨, 생선 등의 철판구이로 미국인이 좋아하는 음식을 주로 만들어 팔았다. 대성공이었다. 서울에도 분점이 있는 철판구이 레스토랑의 원조 베니하나는 이렇게 태어났다.

유머가 많았던 배우 출신의 아버지 덕분에 철판 요리점은 금세 소문이 났다. 아버지가 철판 앞에서 각종 신기하고 놀라운 묘기를 펼쳐 매스컴에서 취재하느라 줄을 섰고 힐튼호텔의 회장이 직접 사업제휴를 맺기 위해 가게를 찾기도 했다. 그 후 미국에서만 80여 개의 베니하나를 세웠고 전 세계적으로 120여 개의 체인점을 구축하는 대성공을 거두었다.

아오키의 성공 뒤에는 3년 동안 철저하게 준비한 그의 전략과 체계적인 분석이 있었다. 그는 미국인은 이국적인 분위기에서 식사하기를 즐기지만 반대로 이국적인 음식은 불신한다는 점을 알았다. 또 미국인은 음식이 준비되는 과정을 구경하는 것을 매우 즐긴다는 것도 알았다.

그리하여 베니하나는 이국적인 분위기에서 음식이 준비되는 과정을 구경하는 것을 즐기는 사람들을 목표시장으로 삼았다. 베니하나는 지금까지 어떤 레스토랑 서비스업자도 시도하지 않았던 일을 했다. 음식점에서만 보여줄 수 있는 쇼를 함으로써 고객들에게 재미를 주었던 것이다.

"베니하나에 가면 즐거운 마음으로 식사를 할 수 있다."

이러한 콘셉트는 소비자로 하여금 다른 레스토랑과 확실한 차별화를 가능하도록 해주었다. 소비자들의 마음속에 베니하나라는 레스토랑이 아주 재미있고 색다른 곳이라는 인식이 자리 잡게 되었다.

롤스로이스를 갖고 싶어했던 가난한 청년은 롤스로이스를 비롯한 최고급 승용차 30여 대와 마이애미, 뉴욕, 캘리포니아, 뉴저지 등 미국 전역에 호화저택을 갖게 되었다. 자기가 바라는 대상을 배경으로 사진을 찍어 간직했던 그의 꿈은 모두 실현되었다.

"록키는 마치 나를 위한 영화 같아."

그는 어느새 아오키 히로아키라는 이름보다 록키 아오키 Rocky Aoki 라는 이름으로 불리게 되었다. 그의 도전은 여기에서 끝나지 않았다. 1975년 서양 주사위의 전미 챔피언이 되기도 했고, 1982년에는 4인승 기구 '더블 이글 V'를 타고 태평양을 횡단하는 모험가로 변신하기도 했다. 비즈니스 관련 서적도 여러 권 출판하여 베스트셀러 작가가 되기도 했다.

2008년 7월 31일 합병증으로 숨을 거두었지만 그의 도전정신과 모험심은 딸과 아들에게도 이어졌다. 아들인 스티브 아오키는 유명 DJ로 활동 중이며, 딸 데본 아오키 Devon Aoki 는 슈퍼모델과 영화배우로 맹활약 중이다. 〈DOA〉와 〈워〉에서 조연을 맡은 것을 시작으로 〈D.E.B.S〉에서는 당당히 주연을 맡았다. 특히 브루스 윌리스와 미키

루크, 제시카 알바와 함께 출연한 〈신씨티〉에서 미호 역을 맡아 인상적인 연기로 세계인의 가슴을 설레게 했다.

록키 아오키는 자신의 성공비결과 인생관을 이렇게 말했다.

"먼저 큰 꿈을 가질 것. 꿈을 실현하기 위한 수단을 철저히 생각할 것. 수단이 결정되면 죽을 각오로 실행할 것. 잊지 마라. 인생은 죽을 때까지 도전의 연속이다."

낯선 땅에서 무일푼으로 시작해 아메리칸 드림을 이룬 록키 아오키는 지칠 줄 모르고 새로운 꿈을 꾸었던 사람이다. 그리고 그것을 실현시키기 위해 미리 사진을 찍고 철저한 분석과 마인드 컨트롤을 통해 목표에 한발짝씩 다가갔다.

도전은 즐겁고 신나는 일이다. 우리 삶에 도전이 없다면 밋밋하고 재미없을 것이다. "믿음이 부족하기 때문에 도전하길 두려워하는 바, 나는 스스로를 믿는다"라는 무하마드 알리의 말은 그래서 가슴에 새겨둘 만하다.

 느낌표가 수북한 청춘을 지켜라

밀리언셀러가 되며 멘토 바람을 몰고 왔던 김난도 교수의 《아프니까 청춘이다》에는 이런 구절이 나온다.

"그대 좌절했는가? 친구들은 승승장구하고 있는데 그대만 잉여의 나날을 보내고 있는가? 잊지 마라. 그대라는 꽃이 피는 계절은 따로 있다. 아직 때가 되지 않았을 뿐이다. 그대, 언젠가는 꽃을 피울 것이다. 다소 늦더라도 그대의 계절이 오면 여느 꽃 못지않은 화려한 기개를 뽐내게 될 것이다. 그러므로 고개를 들라. 그대의 계절을 준비하라."

청춘의 원뜻은 '만물이 푸른 봄철'이다. 하지만 김 교수는 누구에게나 자신만의 계절이 있다고 말한다. 10대 때는 대부분 빨리 나이

먹기를 원한다. 하지만 20대를 지나 30대에 이르면 세월이 참 빠르다는 것을 느끼게 된다. 중요한 것은 청춘이란 일정한 나이를 지칭하는 것이 아니라는 점이다.

"청춘이란 인생의 어느 기간을 말하는 것이 아니라 마음의 상태를 말한다. 그것은 장밋빛 뺨, 앵두 같은 입술, 하늘거리는 자태가 아니라 강인한 의지, 풍부한 상상력, 불타는 열정을 말한다."

유명한 유대교 랍비인 사무엘 울만의 〈청춘〉이라는 시에 나오는 일부분이다. 청춘을 잃지 마라. 물음표만 가득한 사람보다는 느낌표가 수북한 인생을 살아라.

......

상황이 나빠지고 진정으로 포기하고 싶을 때가
바로 더욱 더 추진력을 발휘해야 할 순간이다.
게임이란 역경이 닥치기 전에는 시작되지 않는 법이다.
나는 안 되는구나 생각되어 포기하고 싶을 때가 있다.
그때 지금 그 자리에서 다시 시작하라.
세상에서 가장 큰 선물은
자기 자신에게 기회를 주는 삶이다.

생각대로 ⑭ | **홈리스에서 억만장자가 된 크리스 가드너**

세상에서 가장 큰 선물은
자신에게 기회를 주는 삶이다

"나는 홈리스Homeless이지만 호플러스Hopeless는 아니야."

한 흑인 사내가 있었다. 시골 고교 졸업장이 학력의 전부였던 그는 해군 복무를 마치고 캘리포니아 실리콘밸리에서 의료기구 파는 일을 시작했다. 결혼도 했고 아들도 얻었다.

어느 날 아내가 그에게 말했다.

"이제 더는 당신과 살고 싶지 않아요. 살 자신도 없어요. 지긋지긋한 가난도 싫어요. 미래가 보이지 않는 당신의 인생에서 이제 그만 나가고 싶어요."

"그동안 잘 참아왔지 않소. 조금만 더 참아요. 내 돈을 많이 벌어서 당신과 우리 아들…."

"더 참으라고요? 흥. 이제 그 말도 지긋지긋해요. 크리스토퍼는 제가 데려갈게요."

"안 돼! 크리스토퍼는 나와 함께 있을 거야."

"그럼 그렇게 하세요. 저는 뉴욕으로 갈 거예요."

사내는 어린 아들과 남겨졌다. 잠든 어린 아들을 보며 그는 자신의 어린 시절을 생각했다. 우울한 시절이었다. 미혼모에게서 태어난 그는 폭력적인 계부에게 온갖 학대를 당했다. 그건 자신의 어머니와 세 누이도 마찬가지였다. 견디다 못한 어머니가 계부를 죽이기 위해 집에 불을 질러 감옥에 갇혔고 그는 여덟 살 나이에 가정위탁을 받으며 컸다.

불운은 여기에서 그치지 않았다. 그의 인생에 버팀목이 되어 주었던 외삼촌이 미시시피 강에 빠져 익사했다. 졸지에 가장 든든한 지원군을 잃은 그는 크게 절망했다.

"내가 태어난 것부터가 실패야!"

그는 외삼촌을 따라 강에 몸을 던지려고 했다. 그때 감옥에 있는 어머니의 목소리가 들려왔다.

"네 인생은 네 스스로 결정해야 해. 지원군 따위는 오지 않아. 죽을 용기가 있다면 살 희망도 있는 법이야. 세상을 향해 한번 부딪혀 보거라."

그때 그는 결심했다.

"그래, 세상이 필요로 하는 사람이 될 테야."

하지만 현실은 녹록치 않았다. 세일즈를 하면서 열심히 살아보려고 했지만 한물간 의료기구는 잘 팔리지 않았고 세금은 날로 늘어만 갔다. 차는 압류당한 지 오래되었고 이제 부인마저 집을 나갔다. 설상가상으로 집세를 내지 못해 살던 집에서 쫓겨나 노숙을 하는 절망적인 상황이었다.

하지만 아들만은 버리지 않았다. 버릴 수도 없었고 버려서도 안 되는 존재, 자신의 온몸을 바쳐서라도 지키고 싶은 것이 바로 아들이었다. 아들에게 꿈과 희망을 보여주고 싶었다.

집에서 쫓겨난 부자는 잠잘 곳이 없어 지하철 화장실에서 골판지를 깔고 잠을 잤다. 그의 팔에 머리를 묻고 잠든 아들을 보며 하염없이 눈물을 흘렸다. 그리고 속으로 다짐했다.

'어딘가에 분명 길이 있을 거야. 널 꼭 행복하게 해줄게. 아빠가 약속하마.'

하루는 아들이 어린이집에서 돌아와 아빠에게 말했다.

"아빠, 전 머리가 나빠 아무것도 할 수 없을 것 같아요."

"왜 무슨 일이 있었니?"

"어린이집 선생님이 수학 시간에 말했어요. 저는 암기력도 없고 숫자에도 밝지 않다고. 게다가 흑인이라서…."

그는 아랫입술을 질끈 깨물었다. 그리고 아들에게 말했다.

"잘 들어. 누구도 너에게 '넌 할 수 없어'라고 말하게끔 하지 마. 그게 나라도 말이야."

어느 날 그는 큰 건물 앞을 지나가게 되었다. 근데 이상한 점이 눈에 띄었다. 그 건물을 나오는 사람들의 얼굴에 환한 미소가 가득한 것이다.

'저 사람들은 무슨 이유로 저런 행복한 미소를 지을까?'

마침 그의 앞에 빨간색 페라리 한 대가 섰다. 그토록 갖고 싶어했던 차였다. 차문이 열리고 양복을 잘 차려입은 신사가 내리더니 그 건물 안으로 들어가려고 했다. 그는 얼른 달려가 신사를 붙잡고 물었다.

"초면에 죄송합니다만 딱 두 가지만 물어보겠소. 댁의 직업이 무엇이고 당신이 이토록 성공한 비결은 무엇입니까?"

신사는 그의 위아래를 훑어보더니 천천히 말을 꺼냈다.

"난 주식 중개인이오. 숫자에 밝고 사람 만나기를 좋아한다면 당신도 나처럼 성공할 수 있을 것이오."

"고맙소. 나도 당신처럼 꼭 성공하겠소."

"정상에서 만납시다!"

그는 그 순간부터 주식 중개인이 되겠다는 꿈을 갖게 되었고 날이 밝자 주식 중개 회사를 찾아갔다.

"인턴으로 일하고 싶습니다. 보수는 필요 없습니다. 그저 일만 하게 해주세요. 처음에는 모르는 게 많겠지만 배우면서 열심히 일하겠습니다."

그는 낮에는 회사에서 인턴으로 일하고 밤에는 노숙자 쉼터에서 공부를 하기 시작했다. 비록 무보수 인턴사원이기는 했지만 그는 자신에게 찾아온 황금 같은 기회를 놓치고 싶지 않았다. 화장실 가는 시간을 아끼려 물도 마시지 않았고 하루 200명의 고객과 통화하겠다는 자신만의 다짐도 어기지 않았다.

그런 그를 유심히 지켜보던 한 사람이 있었다. 바로 옆 건물에 있는 대형투자사의 대표였다. 햇볕이 화사롭게 도시를 비추던 어느 여름날 오후, 대표가 그에게 점심을 함께 먹자고 했다. 잔잔한 음악이 울려 퍼지는 고급 프랑스 레스토랑이었다. 코스 요리를 먹고 디저트가 나오자 대표가 입을 열었다.

"줄곧 자네를 지켜봤네. 자네의 성실함이 나를 감동시켰네. 어떤가? 나와 함께 우리 회사에서 일해보지 않겠나? 지금 회사처럼 인턴이 아니고 정식 직원일세. 보수도 두둑하다네. 아마도 일주일에 두세 번쯤은 이 레스토랑에서 아들과 오붓하게 식사할 수 있는 여유는 될 걸세."

그는 깜짝 놀랐다. 그리고 기쁨의 눈물을 흘렸다. 그동안 자신을 지켜보던 사람이 있었다는 것과 땀과 열정은 배반하지 않는다는 것을 깨달았다.

"절 선택하신 것을 후회하지 않도록 열심히 하겠습니다."

그는 열심히 일했고 실적이 좋아 초고속 승진도 했다. 무엇보다 아들에게 부끄럽지 않은 아버지로 살 수 있는 것이 좋았다.

"승부는 지금부터야. 이제 내가 생각했던 것을 마음껏 펼쳐 보일 때야."

그는 더욱 열심히 일했고 결국 6년 후 자신만의 투자회사 '가드너 리치 앤드 컴퍼니'를 설립했다. 여기서 멈추지 않고 자신의 생명과도 같은 아들의 이름을 딴 '크리스토퍼 가드너 인터내셔널 홀딩스'로 확장해 국제적인 투자회사로 키웠다. 그의 회사는 10년 후 1000만 달러의 글로벌 투자회사로 발돋움했다. 현재 그의 재산은 1억 8000만 달러에 달하는 것으로 알려졌다.

그의 이름은 크리스 가드너.

노숙자에서 일약 억만장자가 된 그는 자신의 어려웠던 시절을 잊지 않고 수많은 자선단체에 기부금을 내고 있다. 또 연설가로 활동하며 절망에 빠진 사람들에게 희망을 전하고 있다.

크리스의 감동적인 인생 이야기는 할리우드에서 영화로도 만들어졌다. 윌 스미스가 자신의 실제 아들인 제이든 미스와 동반 출연해 화제가 되었던 〈행복을 찾아서〉가 바로 그것이다. 가드너는 자신의 저서에서 이렇게 말했다.

"상황이 나빠지고 진정으로 포기하고 싶을 때가 바로 더욱 더 추진력을 발휘해야 할 순간이다. 게임이란 역경이 닥치기 전에는 시작되지 않는 법이다. 나는 안 되는구나 생각되어 포기하고 싶을 때가 있다. 그때 지금 그 자리에서 다시 시작하라. 세상에서 가장 큰 선물은 자기 자신에게 기회를 주는 삶이다."

무일푼에서 억만장자가 되고 영화의 소재까지 되었던 크리스 가드너. 그는 인생이라는 건 자신이 선택해야 한다는 것을 알았다. 스스로 생각하고 결정해야 한다는 것도 알았다. 그래서 자신의 직관과 신념을 믿고 누구보다 열심히 일했다.

자신을 아끼고 사랑하지 않으면 그 누구도 자신에게 관심을 갖지 않는다는 사실도 알고 있었다.
　자신에게 기회를 줘야 한다. 자신을 믿고 자신을 의지하고 자신의 내면에서 나오는 목소리에 귀를 기울여야 한다.

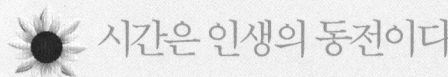# 시간은 인생의 동전이다

미국의 시인이자 퓰리처 상을 수상한 칼 샌드버그$^{Carl\ Sandburg}$는 시간의 중요성에 대해 이렇게 말했다.

"시간은 인생의 동전이다. 시간은 네가 가진 유일한 동전이고 그 동전을 어디에 쓸지는 너만이 결정할 수 있다. 너 대신 타인이 그 동전을 써버리지 않도록 주의하라."

하루의 시간은 누구에게나 공평하다. 어떤 이에게는 하루가 23시간이고, 어떤 이에게는 25시간이지 않다. 모두가 24시간이라는 시간을 보낸다. 하지만 시간을 어떻게 활용하느냐에 따라 인생과 미래가 달라진다. 시간을 잘 활용하기 위해서는 무엇보다 계획과 목표가 있어야 한다. 10분의 계획이 2시간을 절약한다는 사실을 잊어서는 안

된다.

그리고 계획에는 목표가 반드시 들어가야 한다. 언제까지, 몇 월 며칠, 몇 시까지 끝내야겠다는 정확한 시간이 들어가면 더욱 더 좋다. 조지 버나드 쇼는 이렇게 말했다.

"그대가 해야 할 일은 그대가 찾아서 해라. 그렇지 않으면 그대가 해야 할 일은 끝까지 그대를 찾아다닐 것이다."

......

인생은 어려움과 투쟁으로 가득하다.
그걸 견뎌내고 살아나가야 한다.
그게 삶이다.

생각대로 ⑮ | **다큐멘터리 사진 거장 스티브 맥커리**

네 인생의
소중한 것을 지켜라

1984년 파키스탄 북경 부근 난민 캠프에 카메라를 멘 한 사내가 나타났다. 그는 펜실베이니아 주립대학교에서 예술건축학을 전공한 프리랜서 사진작가인 스티브 맥커리Steve McCurry였다.

"꽝."

"꽝."

여기저기에서 폭탄이 터졌다.

"젠장, 녀석들은 밥도 안 먹남."

그때 맥커리의 눈에 한 소녀가 들어왔다. 형형하고 맑은 초록색 눈동자에는 두려움이 가득 차 있었다.

173

"네 이름이 뭐니?"

소녀는 아무 말이 없었다. 그때 옆에 있던 한 사내가 말했다.

"그 아인 영어를 못한다오. 근데 당신은 누구요?"

"전 프리랜서 사진작가입니다. 이 소녀의 사진을 찍고 싶습니다."

"찍으시오. 얼마든지. 하지만 대가로 1달러만 그 소녀에게 주구료. 이틀 동안 아무것도 먹지 못했으니."

맥커리는 소녀에게 1달러를 쥐어주고 셔터를 누르기 시작했다. 소녀의 눈은 보면 볼수록 사람을 끄는 매력이 있었다. 사진을 다 찍은 맥커리는 소녀에게 약속을 했다.

"꼭 다시 너를 찾아올게. 그때 다시 너를 찍고 싶구나. 약속하마. 그때까지 꼭 살아 있거라. 건강하게."

그가 찍은 열두 살 소녀의 사진은 1985년 《내셔널지오그래픽》 표지에 실렸다. 전쟁으로 고통받는 아프간인들의 비극과 아픔을 이보다 더 잘 나타내는 사진은 없었다. 이 사진은 세계적으로 유명해졌으며 이로 인해 맥커리는 큰 명성을 얻었다. 이름도 알 수 없는 소녀는 '초록색 눈의 아프간 걸'로 불렸다.

어느 날 기자들이 맥커리에게 물었다.

"그 소녀의 이름이 뭡니까?"

"저도 이름은 모릅니다."

"전쟁과 죽음 앞에 놓인 소녀를 도울 수 있는 방법이 무엇입니까?"

"저도 그 방법을 알고 싶소."

소녀에 대한 관심과 질문은 9.11 테러 이후 더욱 많아졌다. 이 전대

미문의 테러로 인해 세계인들은 다시 한 번 아프가니스탄에 주목하게 되었고 내전으로 고통받는 국민에 대한 관심이 커졌다. 맥커리의 머리 속에도 소녀의 모습이 떠나지 않았다.

'17년 전, 사진 속의 아프간 소녀는 지금 어떻게 되었을까? 살아 있다면 지금쯤 어엿한 엄마가 되어 있겠지.'

당시 맥커리의 사무실은 세계무역센터가 보이는 곳에 자리하고 있었다. 그는 쌍둥이 빌딩에 불이 붙은 모습을 보고 사무실 건물 옥상에 올라가 사진을 찍기 시작했다.

"이건 말도 안 돼!"

마침 그와 함께 옥상에서 빌딩이 무너지는 광경을 보던 옆 사무실의 여행사 직원이 그에게 물었다.

"이런 상태에서도 사진을 찍다니 당신 미친 거요?"

"전 사진가입니다. 이렇게 사진을 찍는 것이 제가 평생 해온 일입니다. 누군가는 사건을 기록해야 합니다. 그게 사진가들, 내 동료들, 기자들이 하는 일입니다."

곧이어 빌딩이 차례로 무너졌다. 맥커리는 곧장 그라운드 제로로 달려갔다. 현장은 참혹했다. 그는 찍은 사진을 다음날 회사에 보낸 뒤 5, 6년 동안 꺼내보지 않았다. 보고 싶지 않았다. 그만큼 고통스러운 경험이었다. 빌딩이 무너져 내리는데 그 안에 수천 명의 사람이 있다는 것을 믿을 수가 없었고 부정하고 싶었다.

자꾸만 그 소녀의 얼굴이 생각났다.

"저를 다시 찾아온다는 약속을 잊지 않으셨죠?"

그 후로 꿈속에서 그녀의 모습이 나타났다. 참다못한 2002년 1월 맥커리는 내셔널지오그래픽을 찾아갔다.

"아무래도 안 되겠어. 17년 전 그 소녀 기억하지? 그 소녀를 찾아야겠어."

그렇게 해서 맥커리와 내셔널지오그래픽 팀이 소녀를 찾기 위해 아프가니스탄으로 향했다. 하지만 달랑 사진 한 장만을 들고 그 소녀를 찾기란 그리 쉽지 않았다. 더구나 17년 만에 다시 찾은 난민캠프는 이미 다 철거된 지 오래되었다.

맥커리는 포기하지 않았다. 여러 곳을 수소문한 끝에 난민캠프에서 아이들을 가르쳤던 선생님을 알게 되었다. 그는 얼른 사진 한 장을 꺼내 그녀의 앞에 내밀었다.

"혹시 이 소녀를 기억하오?"

"글쎄요. 워낙 오래된 일이라."

"이 형형한 초록색 눈동자와 부르카를 잘 보시오."

"당시 부르카는 모든 여자가 쓰고 있던 것이라… 그리고 당시 난민캠프 소녀들의 상당수는 어른이 되기 전에 죽고 말았다오."

맥커리는 그 자리에서 털썩 주저앉고 말았다.

"내가 소녀와의 약속을 지키지 못한 거야. 좀 더 일찍 왔어야 하는데. 그래서 밤마다 소녀의 얼굴이 보였구나. 가엾은 소녀."

다음날 맥커리와 사진팀은 짐을 꾸리기 시작했다. 그때 호텔로 한 노인이 찾아왔다.

"내가 그 소녀를 알고 있소."

"아, 당신은?"

"맞소. 1달러!"

노인은 맥커리를 소녀에게 데려갔다. 얼굴은 많이 변했지만 형형한 초록색 눈은 여전했다.

"나를 기억하니?"

서른 살이 되어 결혼까지 한 소녀는 고개를 끄덕였다. 어느새 소녀의 눈에는 눈물이 가득 고였다.

"그땐 정말 무서웠어요. 당시 폭격으로 부모님이 모두 돌아가셨거든요. 저만 간신히 살아났어요."

맥커리가 감격스럽다는 듯이 말했다.

"네가 얼마나 보고 싶었는지 모른단다. 나뿐만 아니라 세상 모든 사람이 널 보고 싶어했단다. 고맙다. 이렇게 살아 있어줘서."

맥커리는 소녀의 손을 꼭 잡았다. 그리고 떨리는 목소리로 물었다.

"기억하니? 다시 너를 만나러 올 거라는 약속을. 예전처럼 너를 다시 내 카메라에 담고 싶구나. 그렇게 해줄 수 있니?"

소녀는 웃으면서 고개를 끄덕였다. 맥커리는 17년의 세월을 넘어 그녀를 다시 자신의 카메라에 담기 시작했다. 카메라 렌즈가 자꾸만 흐려졌다. 맥커리의 눈에서는 어느새 굵은 눈물이 흘러나오고 있었다. 그건 소녀도 마찬가지였다.

"다행이구나. 약속을 지키게 해줘서."

맥커리의 말에 소녀가 대답했다.

"고마워요. 약속을 지켜주셔서."

지금도 전 세계를 누비고 있는 맥커리는 한 인터뷰에서 이렇게 말했다.

"세상을 탐험하고 인생을 즐기고 긍정적인 생각으로 현재를 사는 것이 내게 가장 중요한 일이다. 전쟁과 에이즈 등 인간이 겪는 고통과 처절함은 슬프지만 누군가는 기록해야 한다. 인생은 어려움과 투쟁으로 가득하다. 그걸 견뎌내고 살아나가야 한다. 그게 삶이다."

꿈은 머리로 생각하는 게 아니라
가슴으로 느끼고, 손으로 적고, 발로 실천하는 것이다.
존 고다드(탐험가, 인류학자)

 이미 정한 약속은 갚지 않은 부채이다

"아무리 보잘것없는 약속일지라도 상대방이 감탄할 정도로 정확히 지켜야 한다. 신용과 체면 못지않게 중요하지만 약속을 어기면 그만큼 서로의 믿음이 약해진다. 그러므로 약속은 꼭 지켜야 한다."

미국인이 가장 존경하는 기업가인 앤드류 카네기는 약속을 철저하게 지키기로 유명했다. 정규교육도 제대로 받지 못했던 가난한 이민노동자 2세였던 그는 인생을 2기로 나눠 살기로 스스로에게 약속했다. 젊었을 때는 돈을 많이 벌고, 돈을 번 후에는 가난한 사람들에게 나눠주는 것이었다. 그는 자신과의 약속을 지켜 수많은 돈을 사회에 기부했다. 카네기 재단에는 총액 2억 3600만 달러에 달하는 기금을 신탁하기도 했다.

다른 사람과의 약속을 지키는 것은 신뢰와 명예, 눈치 때문에 그다지 어렵지 않다. 하지만 자신과의 약속을 지키는 것은 생각보다 쉽지 않다. 작심삼일이 되기 일쑤이다. 처벌이나 규제가 없어 더욱 그러하다. 하지만 자기 혼자 한 약속이라도 꼭 지키려고 노력하다 보면 어느새 좋은 습관이 된다. 이런 습관이 생기면 다른 사람들과의 약속도 잘 지킬 수 있다. 자신과의 약속은 남과 한 약속보다 더욱 지키려고 노력하는 사람, 그 사람의 미래가 어두울 리는 없다.

……
사람에게 소중한 것은
이 세상에서 몇 년을 살았느냐가 아니다.
이 세상에서 얼마만큼
가치 있는 일을 하느냐 하는 것이다.

생각대로 ⑯ | 주옥같은 단편소설을 남긴 오 헨리

자신이 가치 있다고
생각하는 일을 해라

"아무래도 미국으로 돌아가야겠어."

남미의 어느 작은 마을. 석양이 아름답게 자신의 자태를 뽐내는 시각, 한 사내가 커피잔을 내려놓으며 앞에 있던 사내에게 말했다.

"포터, 그건 자살행위야. 자넨 법정에 서게 될 걸세."

"하지만 아내가 위독하다는 전갈을 받고 이렇게 앉아 있을 수만은 없어. 가서 아내를 만나야겠어. 스무 살도 되기 전에 나하고 결혼해 온갖 고생을 다한 아내를 그냥 둘 수 없네. 감옥에 가더라도 아내를 만나야 해."

앞에 있던 사내는 더는 말이 없었다. 이 고집스러운 친구의 결심을 막을 도리가 없었다. 한번 결심하면 누구도 막을 수 없었던 사내의 이름은 윌리엄 시드니 포터William Sydney Porter였다.

포터는 미국으로 향하는 자동차 안에서 자신의 어린 시절을 생각했다. 그는 노스캐롤나이나 주 그린스버러에서 태어났다. 아버지는 지방의 유명한 의사였고 어머니는 문학적 재능이 뛰어났다. 하지만 부모님과 포터의 행복한 시간은 오래가지 못했다. 갑작스런 사고로 부모님과 영영 이별을 했다.

'고아와 다름없던 나와 결혼한 여자야. 더구나 이 세상에서 무엇과도 바꿀 수 없는 소중한 내 딸을 낳아준 여자. 그녀가 지금 사경을 헤매고 있어. 나는 가야 해.'

부모를 잃은 포터는 숙부의 약국에서 일했다. 그리고 카우보이, 점원, 직공 등의 일을 거쳤다. 힘들고 고된 시절이었지만 어릴 때부터 글과 그림에 소질이 있던 포터는 틈틈이 그린 그림과 글을 신문사나 잡지사에 보냈다.

"언젠가는 꼭 잡지사의 창간인이 될 테야."

어느새 스무 살을 넘긴 포터에게도 사랑이 찾아왔다. 자신과는 일곱 살 나이차가 나는 어린 소녀였다. 둘은 열렬히 사랑했고 포터가 스무다섯 살이 되었을 때 둘은 정식으로 결혼했다. 행복하고 달콤한 시간이었다.

어린 아내의 내조로 포터는 주경야독 생활을 하며 당시 젊은이라면 누구나 꿈꾸는 은행에 취직하게 되었다. 생활이 점점 안정되어 갔고 사랑스런 딸도 태어났다.

포터는 자신의 꿈이었던 잡지사를 창간했고, 지방신문에 틈틈이 글과 그림을 기고하기도 했다. 은행도 그만둘 정도로 일에 빠져 보냈다. 그의 글은 유머스럽고 따뜻한 인간미가 넘쳐 사람들에게 많은 사랑을 받았다. 하지만 행복은 오래가지 못했다.

"포터, 얼른 도망가게."

예전 은행에서 근무했던 동료가 황급히 말했다.

"오스틴 은행이 자네를 공금횡령으로 고소했다네."

"아니, 그게 무슨 말인가?"

"자세한 건 나도 몰라. 경찰도 결정적인 단서를 잡은 모양이야. 곧 이리로 들이닥칠 거야."

포터는 덜컹거리는 트럭 뒤에 앉아 그날의 일을 회상했다. 벌써 2년 전의 일이었다. 포터는 아내와 딸에게 사정을 설명하고 친구가 있는 남미로 몸을 숨겼다.

그때부터 포터의 도피생활이 시작되었다. 그렇게 몇 년이 흘렀다. 그런데 그 아내가 병에 걸려 죽음을 앞두고 있다는 소식을 들은 것이다. 집으로 향하는 포터의 머릿속에는 아내와 딸에 대한 그리움과 과거에 대한 잘못으로 가득 찼다.

그렇게 며칠을 차로 이동해 집으로 돌아왔다. 하지만 포터 앞에는 반갑지 않은 손님들이 기다리고 있었다. 그가 돌아온다는 소식을 듣고 달려온 경찰들이었다.

"경찰관 나리, 잠시 이 수갑을 풀어주시겠소. 아내와 딸에게 수갑 찬 모습을 어떻게 보여주겠소. 잠시 작별인사만 하고 나오리다."

포터는 병든 아내의 손을 잡고 용서를 구했다. 중태에 빠져 몸을 가눌 수 없었다. 아내의 눈에서 하염없이 눈물이 흘러내렸다. 포터는 딸에게 다가가 말했다.

"아빠가 다시 출장을 다녀와야 해. 이번에는 저번보다 더 오래 걸리겠지만 출장이 끝나면 꼭 너의 곁에 있을게. 그리고 다시는 너의 곁을 떠나지 않을게. 약속하마. 그때까지 엄마 잘 간호하고 건강하게 잘 있거라."

포터는 아내와 딸에게 작별인사를 건네고 경찰들에게 끌려갔다. 법정에서 그는 5년형을 선고받고 교도소에 수감되었다. 그리고 기나긴 수감생활이 시작되었다.

"이상하게 마음이 편안하네. 역시 사람은 죄를 짓고 살 수 없구나."

도피생활 내내 마음이 불안했던 포터에게 교도소 생활은 편안하고 소중했다. 무엇보다 시간이 많이 남아 어린 시절부터 좋아했던 글과 그림을 마음대로 그릴 수 있었다.

"좋아, 이번 기회에 정식으로 작가 데뷔를 해야겠어."

그때부터 포터는 집필 작업에 들어갔다. 별다른 할 일이 없어 글에만 몰두할 수 있었다. 몇 편의 단편이 완성되고 투고를 할 때쯤 문제가 발생했다.

"헨리, 부탁이 있네."

친하게 지내고 있던 간수장에게 포터가 말했다.

"난 감옥에서 몇 편의 작품을 완성했네. 자네 덕분에 종이와 펜도 얻을 수 있었지. 하지만 문제가 하나 있다네."

"포터, 편안하게 말해보겠나. 내가 도울 수 있는 일이라면 뭐든지 할 테니."

"혹시 자네 이름을 빌려줄 수 있겠나?"

"내 이름을?"

"그래. 내 이름으로 기고할 경우 혹시 딸아이가 볼 수도 있다네. 아내는 내가 교도소에 있다는 것을 알지만 딸은 내가 출장간 줄 알고 있다네. 부탁이네."

"어려운 일도 아니네, 그래. 오히려 내가 영광일세. 하하하. 혹시 자네 유명해지거든 내 은혜를 잊지 말게나."

"아무렴. 여부가 있겠나."

간수장의 이름은 오린 헨리 Orrin Henry였다. 포터는 여기에서 이름을 따와 자신의 본명 대신 '오 헨리'라는 필명으로 본격적인 작품활동을 하기 시작했다. 그의 글은 인기가 좋아 서로 작품을 싣겠다는 잡지사가 줄을 이었다. 무엇보다 리얼리티가 살아 있었다. 그도 그럴 것이 그의 소재들은 대부분 교도소 생활을 통해 수감자에게 들은 이야기가 많았다. 사연도 가지가지였다. 억울하게 누명을 쓴 사람의 이야기를 들을 때는 가슴 한구석이 저려왔다.

그렇게 5년이라는 세월이 지나 오 헨리는 아내와 딸의 품으로 돌아갔다. 감옥에서 나온 오 헨리는 뉴욕으로 자리를 옮겨 본격적인 작가 생활에 들어갔다. 첫 작품은 《캐비지와 왕》Cabbages and Kings이라는 장편소설이었다. 라틴아메리카의 혁명을 다룬 이 작품은 생각만큼 큰 호응을 얻지 못했다. 오 헨리는 처음으로 절망에 빠졌다.

어느 날 담당 편집자가 오 헨리에게 말했다.

"헨리, 자네는 장편보다는 단편이 더 어울리네. 단편을 써보게나."

그 이후 오 헨리는 단편 쓰기에 몰두했다. 담당 편집자의 조언은 적중했다. 그의 단편은 발표할 때마다 큰 호응을 몰고 왔다.

"역시 오 헨리야. 리얼리티가 살아 있고 감동이 있단 말이야."

"감동뿐인가. 캐릭터도 살아 있고 무엇보다 반전이 있잖아."

그때부터 그의 소설은 날개 돋힌듯 팔려나갔다. 미국 남부나 뉴욕 뒷골목에 사는 가난한 서민과 빈민들의 애환을 다채로운 문체로 다룬 그의 소설은 폭발적인 인기를 끌었다. 특히 독자의 허를 찌르는 결말은 그의 트레이드 마크가 되었다.

대표작이라고 할 수 있는 노 화가와 소녀의 이야기를 다룬《마지막 잎새》와 가난하지만 사랑이 넘치는 젊은 부부 짐과 델라를 그린《크리스마스 선물》은 단편소설의 정수를 보여주는 걸작으로 지금도 애독되고 있다. 그밖에 어린 시절 친구였던 두 사내가 경찰과 도둑으로 만나는 비극적 재회를 그린《20년 후》, 감옥에서 따뜻한 밥을 먹기 위해 일부러 죄를 저지른다는 내용을 담은《경찰관과 찬송가》,《4백만》,《서부의 마음》등 무려 300여 편의 단편을 남겼다. 그것도 요절하기까지 불과 10년 남짓한 작가생활 동안 이루어낸 성과이다.

오 헨리의 소설은 지금 읽어봐도 대단한 영상미를 자랑한다. 아마 지금 활동했으면 유명한 드라마 작가나 영화 시나리오 작가가 되었을지도 모른다. 그리고 유독 경찰이 자주 나온다. 죄와 벌이라는 소재도 마찬가지이다. 이러한 그의 작품 세계는 그가 5년여 동안 교도소 생활을 한 것과 무관하지 않다.

그의 작품은 따뜻하고 강렬하다. 짧지만 잔상이 오래 간다. 그래서 오 헨리는 러시아의 체호프, 프랑스의 모파상과 함께 세계 3대 단편소설가라고 불린다.

훗날 그의 문학적 공적을 기념하기 위해 설립된 오 헨리 상은 미국의 단편소설가들에게 최고로 명예로운 상이며 동시에 신인 등용문 가운데 하나가 되었다. 이 상을 수상한 유명작가로는 전 세계 3억 권 판매 기록을 가지고 있는 스티븐 킹,《화성 연대기》,《화씨 451》로 SF 소설의 대가로 칭송받는 레이 브래드버리, 영화 〈브로크백 마운틴〉의 원작자로 유명한 애니 프루, 오 헨리 상을 두 번이나 수상했던《티파니에서의 아침을》의 작가 트루먼 카포티 등이 있다.

만약 오 헨리가 남미에서 아내의 투병 소식을 듣고 미국으로 가지 않았다면 그래서 교도소 생활을 하지 못했다면 지금처럼 주옥같은 작품을 만날 수 없었을 것이다. 오 헨리는 말한다.

"나는 나의 발길을 이끌어주는 유일한 램프를 가지고 있다. 그것은 경험이란 램프이다. 사람에게 소중한 것은 이 세상에서 몇 년을 살았느냐가 아니다. 이 세상에서 얼마만큼 가치 있는 일을 하느냐 하는 것이다."

자신의 인생 경험을 하찮게 여기지 마라. 그 경험이 쌓이고 쌓여 언젠가는 큰 힘이 될 날이 올 것이다. 그리고 스스로에게 물어 가치 있다고 생각하는 일에 몰두하라. 그것이 오 헨리가 주는 인생의 교훈이다.

 성공보다는 가치 있는 사람이 되라

당신은 지금 가치 있는 일을 하고 있는가?

세상에서 가장 의미 있고 가치 있는 일은 타인에 의지하지 않고 자신의 의지대로 자신이 좋아하는 일을 하는 것이다. 먼저 하고 싶은 일이 무엇인지, 왜 그 일을 해야 하는지를 스스로 알아야 한다. 그리고 그 일을 이루기 위한 목표와 계획을 세워야 한다.

이렇듯 가치 있는 삶을 살기 위해서는 우선 시간 관리에 철저해야 한다. 꿈을 이루고 성공을 이루기 위해서는 시간이라는 무기가 필요하다. 그 무기를 어떻게 어떤 용도로 쓰느냐에 따라 당신의 인생이 좌우된다.

우리는 매일 아침 86400초라는 시간을 부여받는다. 하지만 시간이라는 녀석은 한정적이다. 덜 쓴다고 따로 저축할 수도 없고 더 쓰고 싶다고 떼를 부려도 따로 주어지지 않는다.
 20세기 가장 위대한 과학자 아인슈타인은 이렇게 말했다.
 "성공한 사람이 되려고 하지 말고 가치 있는 사람이 되려고 해라."
 가치 있는 사람이 되기 위한 나만의 플랜을 작성해보자. 그리고 그것을 이루기 위한 구체적인 계획과 목표를 설정해보자. 그럼 성공은 저절로 따라올 것이다.

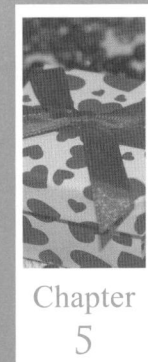

Chapter 5

실행이 곧 전부다

......

결승선에 혼자 도달하면 공허한 마음이 생길 수 있습니다.
반면에 한 팀을 이루어서 달린다면
결승선에 함께 도달하는 기쁨을 만끽할 수 있을 것입니다.
진정한 승리자라면 열광하는 관중뿐만 아니라
한 팀을 이루었던 공동 승자들에게도 둘러싸여야 합니다.
성공은 나누어 가질 때 가장 달콤한 것입니다.

생각대로 ⑰ | **스타벅스를 문화공간으로 만든 하워드 슐츠**

남들이 가지 않은 길에 과감하게 도전하라

 "부정적인 사람이 위대한 기업을 세울 수 없다는 것은 만고불변의 진리다. 또한 부정적인 말을 듣고 큰일을 성취한 사람은 세계 어디에도 없다. 아무리 입증된 분야에서 증명된 아이디어라 할지라도 부정적인 사람의 손에 들어가면 99%가 아니라 100% 실패하게 되어 굴러들어온 복도 차버리고 만다. 최고의 성과를 이루는 사람은 바로 남들이 가지 않은 길에 도전하는 사람이다."

 스타벅스는 전 세계에서 가장 유명한 커피 체인점이다. 스타벅스를 오늘날처럼 커피숍의 대명사로 만든 사람은 하워드 슐츠. 1983년 봄 그가 스타벅스에 근무한 지 1년 정도 되었을 때의 일이다.

"밀라노에서 국제가정용품 전시회가 열린다는 소식이야. 슐츠, 자네도 함께 가겠나?"

점장이 그렇게 이야기했을 때 슐츠의 마음은 이미 짐을 꾸리고 있었다. 그에게는 꼭 한 번 가 보고 싶은 전시회였기 때문이다.

슐츠 일행은 이탈리아의 컨벤션 센터 근처에 있는 작고 초라한 호텔에 짐을 풀었다. 시차 때문에 고단해진 슐츠는 금방 잠이 들었다. 다음날 아침 호텔 밖으로 나오는 순간, 이탈리아 특유의 기운이 그를 감쌌다.

"으음. 여기가 바로 이탈리아구나."

왠지 친근한 기분이 들었다. 하워드 슐츠의 발걸음은 어느새 사람으로 북적이는 밀라노 거리로 향하고 있었다. 이탈리아어를 한 마디도 몰랐지만 문제되지 않았다.

"하하하. 내가 말로만 듣던 패션의 도시 밀라노에 와 있다니. 꿈만 같구나."

그때 작고 아담한 에스프레소 바가 눈에 들어왔다. 슐츠는 운명에 이끌린 듯 바로 들어갔다.

"봉지오노!"

종업원이 그를 향해 반갑게 인사를 건넸다. 슐츠는 자리에 앉아 에스프레스 한 잔을 시키고 종업원이 하는 행동을 유심히 지켜봤다. 유니폼과 앞치마를 잘 차려입은 종업원은 손님이 들어올 때마다 반갑게 인사했다. 그리고 커피를 만들면서 고객과 즐거운 대화를 나누고 있었다.

슐츠는 자리를 옮겨 또 다른 에스프레소 바에 갔다. 그곳은 이전 가게보다 훨씬 많은 사람으로 붐볐다. 무엇보다 단골 손님들과 즐거운 대화를 나누는 바리스타의 모습이 인상적이었다. 그는 몇 개의 바에 더 들어가 봤다. 자신이 커피점에서 일하고 있어서인지 자꾸만 에스프레소 바에 눈길이 갔다.

하워드 슐츠는 활기 넘치고 독특한 개성을 자아내는 분위기와 정열적인 바리스타의 모습에서 이탈리아의 아름답고 활기찬 모습을 발견했다.

"아침에는 모든 커피 바들이 바삐 움직이는군. 의자는 거의 없고 사람들이 주로 서서 커피를 마시는 것도 인상적이야. 커피 바라기보다는 마치 휴식처 같군. 바로 저거야. 앞으로 스타벅스의 미래가 여기에 있어!"

1953년 뉴욕 브루클린의 빈민가에서 태어난 유대인 하워드 슐츠는 가난하고 불우한 어린 시절을 보냈다. 하지만 그에게는 의지력이 강하고 헌신적인 어머니가 있었다. 1975년 노던 미시건 대학교에서 비즈니스학으로 학사학위를 받은 그는 제록스 사에서 3년간 세일즈와 마케팅 분야에서 일했다. 이후 가정용품을 생산하는 회사에서 관리와 마케팅 능력을 인정받아 후에 부회장 겸 총지배인이 되었다. 그러다 우연히 들른 스타벅스의 커피 맛에 반해 당시 오직 네 개의 체인점을 가지고 있던 스타벅스의 마케팅 책임자로 자리를 옮겼다. 스타벅스에 자신의 미래가 있다고 생각했다. 그런 그에게 이탈리아 출장은 많은 것을 느끼게 했다.

"앞으로 스타벅스가 성장하려면 지금처럼 하면 안 돼. 이탈리아를 비롯해 유럽식 커피숍을 모델로 해야 해."

미국으로 돌아온 하워드 슐츠는 이탈리아에서 얻은 사업적 영감을 시애틀에 있는 바에 적용해서 실험했다. 고객들의 반응이 좋았다. 커피숍은 어느새 지역의 사랑방이 되었다. 매출도 덩달아 올라갔다. 이때쯤 슐츠의 가슴속에는 또 하나의 야망이 꿈틀거리고 있었다.

'내 커피 바를 운영해보는 거야.'

하지만 커피를 공급받을 루트가 없었다. 그는 스타벅스의 책임자를 만나 커피콩을 공급해달라고 부탁했다.

"그냥 우리 회사에서 일하는 게 어떤가?"

"제가 생각하고 있는 대로 한번 해보고 싶습니다. 도와주십시오."

책임자는 하워드 슐츠의 간절한 부탁에 못 이겨 커피콩을 공급해주기 시작했다.

"스타벅스의 커피는 좋은 향과 맛을 지녔어. 하지만 소비자의 기호를 맞추는 것에는 소홀해. 이탈리아 바 같은 커피숍이 필요해. 무엇보다 고객을 맞는 바리스타의 역할이 중요해. 이제 그들도 전문가가 되어야 해. 그리고 고객들의 친구가 되어야 해. 커피 한 잔만을 달랑 사서 직장으로 향하는 것이 아니라 오랫동안 머물 수 있는 친근한 사랑방 같은 곳이 되어야 해."

하워드 슐츠의 예상은 적중했다. 사람들은 그가 운영하는 커피숍에서 수다를 떨며 평화롭게 커피를 즐겼다. 커피 지식이 풍부하고 친절한 바리스타와 좋은 음악이 그의 가게에서 퍼져 나왔다.

눈부신 성장을 거듭한 슐츠의 회사는 지역 투자자들의 후원을 등에 업고 스타벅스의 자산을 합병하는 데 성공했다. 평범한 체인점에 불과한 스타벅스를 인수한 그는 직원들 앞에 섰다.

"여러분은 커피숍이 무엇이라고 생각하십니까? 이제 커피는 단순한 음료 그 이상입니다. 오늘부터 저는 여러분과 함께 사람들이 커피 한 잔과 더불어 편하게 토론하고 재즈와 음악을 들으며 쉴 수 있는 오아시스로 만들겠습니다."

여기저기서 박수소리가 들려왔다.

"짝짝짝."

"짝짝짝."

하워드 슐츠의 연설이 이어졌다.

"이제 저만 믿고 따라오십시오. 그리고 이제부터 우리 직원들은 '종업원'이 아닙니다. 그렇게 부르지도 않겠습니다. 여러분은 저의 '동업자'입니다. 기업이 성장하기 위해서는 몇 사람만 잘 나서는 안 됩니다. 모든 동업자가 힘을 합쳐야 합니다. 그래야 성장할 수 있습니다."

하워드 슐츠의 목표와 신념대로 스타벅스는 날로 성장해갔다. 사람들은 점점 슐츠의 의도대로 커피점을 단순히 음료를 마시는 곳이 아닌 사람과 사회가 만나는 곳으로 인식하게 되었다.

"스타벅스에 가면 좋은 음악과 공연을 볼 수 있대."

"스타벅스는 커피를 파는 곳이 아니야. 그곳은 문화를 즐기고 담소를 즐길 수 있는 사랑방 같은 곳이지. 복잡한 도시의 오아시스 같아."

"스타벅스에 가면 최고 품질의 커피를 마실 수 있지. 그뿐 아니라 열정과 낭만, 그리고 긴장과 스트레스를 풀 수도 있어."

고객들의 반응은 폭발적이었다. 이제 스타벅스는 흔한 커피숍이 아니었다. 하워드 슐츠는 남이 가지 않은 길을 과감하게 선택함으로써 자신의 꿈과 목표를 이루었다. 바리스타와 정겹게 대화를 나누는 고객들을 볼 때마다 그의 마음이 흐뭇해졌다.

하워드 슐츠는 경제전문지《포춘》선정 '2009년 최고의 CEO'에 선정되었고《타임》선정 '세계에서 가장 영향력 있는 100인'에 뽑히기도 했다. 2011년 기준으로 스타벅스는 연매출 100억 달러를 올리며 54개국 1만 6000개의 매장에서 매주 6000만 명 이상의 손님을 맞이하고 있다. 그가 동업자라고 부르는 20만 명의 직원들이 이 기업의 중요한 역할을 하고 있음은 물론이다.

잠시 스타벅스를 떠났다 2008년 1월 CEO로 다시 돌아온 하워드 슐츠는 여전히 고객보다 동업자들을 우선시한다.

"결승선에 혼자 도달하면 공허한 마음이 생길 수 있습니다. 반면에 한 팀을 이루어서 달린다면 결승선에 함께 도달하는 기쁨을 만끽할 수 있을 것입니다. 진정한 승리자라면 열광하는 관중뿐만 아니라 한 팀을 이루었던 공동 승자들에게도 둘러싸여야 합니다. 성공은 나누어 가질 때 가장 달콤한 것입니다."

하워드 슐츠의 성공은 남들이 가지 않은 길을 과감하게 걸어갔기 때문이다. 무엇보다 자신의 신념과 직관을 믿었다. 비록 가난한 집에서 태어나 무일푼이었지만 돈보다는 사람들을 먼저 믿고 의지했다.

그리고 '가치'를 늘 생각했다. 커피와 그것을 파는 커피숍의 가치를 자신의 경험과 감성으로 풀어갔기에 오늘날 같은 성공이 있었다.

남들이 가지 않는 길을 가라. 남들이 생각하지 않는 것을 생각하라. 남들이 하찮게 여기는 일을 하라. 자신의 생각과 신념대로 밀고 나가라. 중도에 포기하지 말고 자신을 믿어라. 이것이 하워드 슐츠가 전하는 메시지이다.

 당신이 선택한 길이 모든 것을 바꾼다

한 번도 수상하기 힘든 퓰리처 상을 네 번이나 수상한 로버트 프로스트Robert Frost는 미국의 국민시인으로 통한다. 그의 시 중에 〈가지 않은 길〉이라는 유명한 시가 있다. 시의 첫 구절은 이렇게 시작된다.

단풍 든 숲속에 두 갈래 길이 있었습니다.
나는 두 길을 다 가지 못하는 것을 안타깝게 생각하면서
오랫동안 서서 한 길이 굽어 꺾어 내려간 데까지
바라다 볼 수 있는 데까지 멀리 보았습니다.

이 시는 프로스트가 실의에 빠져 있던 20대 중반에 썼다. 변변한

직업도 없고 문단에서도 인정받지 못하고 게다가 질병에 시달리고 있었다. 당시 그의 집 앞에는 숲으로 이어지는 두 갈래 길이 있었다. 그 길을 보자 자신이 살아온 인생이 생각나서 이 시를 썼다. 시의 마지막 구절은 이렇게 끝난다.

  오랜 세월이 흐른 후에 어디선가
  나는 한숨을 지으며 이야기할 것입니다.
  숲속에 두 갈래 길이 있었다고.
  나는 사람이 적게 간 길을 택하였다고.
  그리고 그것 때문에 모든 것이 달라졌다고.

……

사람이 할 수 있는 일,
그것은 사랑입니다.
사랑은 함께 있는 것만으로
완성되지 않습니다.
고통까지 함께 느낄 수 있어야 합니다.

생각대로 ⑱ | 신의 모습을 닮은 젊은 영혼 이태석 신부

사람이 할 수 있는 가장 아름다운 일은 사랑이다

 부산 자갈치 시장 근처 성당에 아이들이 모여 영화를 보고 있었다. 다미안 신부의 일대기를 다룬 감동적인 영화 〈모로카이〉였다. 주인공인 다미안 신부는 한센병 환자가 모여 살던 하와이 근처 섬에서 몸을 사리지 않고 그들을 돌보았다. 하지만 자신도 한센병에 걸려 마흔여덟이라는 젊은 나이에 죽었다.
 영화를 보던 한 아이의 슬픈 눈망울에 다미안 신부 묘지에 새겨져 있는 문구가 들어왔다.
 —벗을 위하여 제 목숨을 버리는 일보다 더 큰 사랑은 없다.
 소년은 눈을 꼭 감으며 혼잣말로 되새겼다.

205

"언젠가는 나도 다미안 신부처럼 훌륭한 사람이 될 테야."

1962년 부산에서 4남 6녀 중 아홉 번째로 태어난 소년은 아홉 살에 아버지를 잃었다. 홀로 남은 어머니는 삯바느질로 어렵게 10남매를 키웠다. 소년은 어릴 때부터 가난한 사람들에게 관심이 많았다.

하루는 소년이 누나에게 부탁했다.

"실과 바늘을 좀 주세요."

"사내 녀석이 그게 왜 필요하니?"

"좀 쓸 데가 있어서 그래요."

소년은 누나로부터 받은 실과 바늘을 가지고 골목길로 향했다. 그곳에는 한 고아가 터진 옷을 입고 있었다. 소년은 고아를 벤치에 앉히고 실과 바늘을 이용해 옷을 꿰매주었다. 그렇게 마음씨가 따뜻한 아이였다.

소년은 공부를 잘했다. 공부뿐만 아니라 음악과 미술 등 예술도 좋아했다. 라디오에서 흘러나오는 노래를 듣고 있으면 마음이 평온해졌다. 고등학교 3학년이 되어 대학을 정할 때쯤 어머니가 소년을 불렀다.

"그래 가고 싶은 대학과 학과는 정했니?"

"의대에 갈까 합니다. 병들고 가난한 사람들을 돕고 싶어요."

"역시 우리 아들이구나. 넌 우리 집안의 희망이자 꿈이다."

소년의 꿈은 따로 있었다. 하지만 어머니의 바람을 꺾을 수는 없었다. 언제부터인가 어머니는 아들이 의사가 되기를 바랐다.

"난 네가 의사가 되었으면 좋겠구나. 그래서 행복한 가정을 꾸려

부족함 없이 잘 살았으면 좋겠다."

소년은 어머니의 바람대로 의대에 진학에서 의학 공부를 했다. 방학을 이용해 봉사활동도 열심히 했다. 그렇게 의대를 졸업한 소년은 이제 진짜 자신이 하고 싶은 일을 하기로 했다.

"어머니의 바람대로 의대를 졸업했습니다. 하지만 제가 진짜 하고 싶은 일은 신부가 되어 세상의 작은 씨앗이 되는 겁니다."

청천벽력 같은 소리에 온 집안이 발칵 뒤집혔다. 소식을 들은 형과 누나, 형수와 매형들이 달려왔다. 서로 붙잡고 설득했지만 그는 좀처럼 뜻을 굽히지 않았다. 큰 바위가 그의 마음에 눌러앉은 것 같았다.

"네 뜻대로 하거라."

어머니의 목소리가 방안 전체에 울려 퍼졌다.

"눈빛을 보니 네 결심을 꺾을 수 없을 것 같구나. 그래 신부가 되려는 생각은 언제부터 한 게냐?"

"오래 되었습니다. 어머님이 자갈치 시장에서…."

어머니의 질문이 그의 대답을 막았다.

"그럼… 의대는? 처음부터 의대에 갈 생각이 없었는데…."

어머니의 긴 한숨이 방안 가득 퍼졌다.

"내가… 내 욕심과 바람이 네가 가고 싶은 길을 돌아가게…."

"아닙니다. 그리고 죄송합니다."

"아니다. 미안하구나. 미안해."

어머니는 아들의 손을 잡고 흐느껴 울기 시작했다. 그 광경을 지켜보던 가족들도 함께 눈물을 흘렸다. 어머니의 꿈과 희망을 저버릴 수 없었던 착하디 착한 아들은 그렇게 신학생이 되었다.

의사 자격증을 가진 나이 많은 신학생은 어느 날 해외봉사 활동에 참가하게 되었다. 그가 찾아간 곳은 아프리카 수단이었다. 당시 수단은 심각한 내전으로 인해 남과 북이 갈라진 상태였다. 북쪽 아랍계와 남쪽 원주민이 충돌해서 200만 명이 목숨을 잃은 상태였다. 그의 발길이 머문 곳은 피해가 가장 컸던 남수단이었다.

"인간이 이렇게 잔인하고 끔찍할 수가…."

그는 그곳에서 참혹한 죽음을 봤다. 여기저기 시체들이 나뒹굴고 부모를 잃은 아이들이 먹을 것을 찾아 돌아다녔다. 아이들은 시꺼멓게 오염된 물을 아무렇지도 않게 두 손으로 퍼먹었다. 총탄과 질병으로 신음하던 그들은 변변한 치료나 약조차 구할 수가 없었다. 그들이 할 수 있는 것이라고는 조용히 죽음을 맞이하는 것뿐이었다.

"이곳이 내가 살 곳이야. 신부가 되면 이곳으로 와야겠어."

한국으로 돌아온 그는 졸업을 하고 사제품을 받아 신부가 되었다. 그리고 다시 가족들 앞에 섰다. 방안은 또 다시 긴장감이 맴돌았다.

"뭐라고, 아프리카?"

누나가 소스라치게 놀라며 되물었다.

"한국에도 어려운 곳이 많은데 왜 꼭 아프리카로 가야만 하니? 아프리카는 병도 많고 또 덥기도 하고, 한국에서도 얼마든지 좋은 일을 많이 할 수 있지 않니?"

"수단은 제가 가 본 중에서 제일 가난한 곳입니다. 가려는 사람이 아무도 없으니 저라도 가야 합니다."

이번에도 가족들은 그의 뜻을 굽히지 못했다. 2001년 그는 수단의 톤즈로 향했다. 톤즈에 도착하자마자 병든 사람들을 치료하기 시작했다. 그는 사제복을 입은 의사이자 청진기를 든 신부였다.

당시 톤즈에는 물과 식량 등 있는 게 거의 없었다. 하지만 자신들의 병을 치료해주는 든든한 의사가 있었다. 그들은 자신의 영혼을 치료해줄 신부보다 의사가 더 필요했다. 소문은 빠르게 퍼졌다. 그를 만나면 살 수 있다는 소문이 나자 사람이 몰려오기 시작했다. 만삭의 몸으로 꼬박 반나절을 걸어온 임신부도 있었고, 수백 킬로를 걸어온 이들도 있었다. 줄은 쉴 새 없이 이어졌고 그는 하루 평균 300명이 넘는 환자를 돌보았다.

"이대로는 안 되겠어. 환자들을 수용할 수 있는 병원이 있어야 돼."

그는 병원을 짓기로 했다. 그림 솜씨를 발휘해 설계도를 그리고 기둥을 세웠다. 시멘트를 사서 강에서 퍼온 모래와 섞어 벽돌도 만들었다. 그의 모습에 마을 사람이 하나둘씩 나섰다.

"선생님, 좀 주무세요. 이젠 저희들이 할 수 있어요."

마을 사람들 덕분에 2007년 12개의 병실을 갖춘 병원이 탄생했다. 그는 말라리아 환자와 임신부를 우선 치료했다. 틈틈이 마을 주민을 교육시켜 의료 보조진도 두었다.

그는 여기에서 멈추지 않고 학교도 지었다. 이제 그는 신부이자 의사이며 선생님이었다. 아이들에게 수학뿐만 아니라 음악도 가르쳤다. 음악에 소질이 있거나 흥미를 느끼는 아이를 모아 35인조 브라스 밴드도 만들었다. 학창 시절부터 음악을 좋아하고 직접 작곡도 했던 그이기에 가능한 일이었다. 모든 악기를 스스로 배운 후 아이들에게 가르쳐주었다. 소년병으로 징집돼 무기를 들었던 아이들의 손에 악기를 대신 쥐어주고 음악이라는 강력한 마음의 치유제를 선물했다. 그는 톤즈에서 없어서는 안 될 사람이 되었다. 모두 그를 존경하고 따랐고 그 또한 그 속에서 진정한 행복과 기쁨을 느꼈다.

그런 그에게 죽음이 찾아왔다.

"대장암 4기입니다."

평소 몸이 이상하다고 느낀 그는 귀국하자마자 병원부터 들렀다. 그곳에서 믿을 수 없는 소식을 들은 것이다. 하지만 무엇보다 더 가슴이 아픈 것은 다시는 톤즈로 돌아갈 수 없다는 것이었다. 그는 병원에서 항암치료를 받는 대신 서울의 한 공동체에서 봉사활동을 하기로 했다. 그를 찾아오는 사람들에게 기타로 멋드러진 유행가를 불러주며 삶의 기쁨과 가치에 대해 이야기했다. 그리고 2010년 1월 자신의 바람대로 눈 오는 오후 조용히 눈을 감았다.

뒤이어 그의 죽음은 톤즈까지 전해졌다. 마을 사람들은 학교에 모여 환하게 웃고 있는 그의 사진을 부둥켜 안고 한없이 눈물을 흘렸다. 그가 결성했던 브라스 밴드는 거리로 나와 행진했다. 누구보다 값진 인생을 살다간 그는 '한국의 슈바이처'로 불리는 이태석 신부이다. 그는 자신이 작사, 작곡한 〈묵상〉이라는 노래를 남겼다.

    십자가 앞에 꿇어 주께 물었네
    추위와 굶주림에 시달리는 이들

총부리 앞에서 피를 흘리며 죽어가는 이들을
왜 당신은 보고만 있느냐고
눈물을 흘리면서 주께 물었네
세상엔 죄인들과 닫힌 감옥이 있어야만 하고
인간은 고통 속에서 번민해야 하느냐고
조용한 침묵 속에서 주님 말씀하셨지
사랑, 사랑, 사랑 오직 서로 사랑하라고
난 영원히 기도하리라 세계 평화 위해
난 사랑하리라 내 모든 것 바쳐

이태석 신부는 자신의 저서에서 이렇게 말했다.
"우리의 삶도 하나의 여행이 아닌가 생각됩니다. 아스팔트와 같은 평탄한 길도 있지만 때로는 요철이 많은 흙길도 있습니다. 때론 산을 건너야 하고 때론 맨발로 강물도 건너야 하기에, 쉽지 않은 여행이지만 혼자만의 여행이 아니기에 어려울 때 서로 의지하고 넘어질 때 서로 일으켜줄 수 있는 '누군가'와 함께하는 여행이기에, 더욱이 항상 함께해 주시겠다고 약속하신 예수님이 계시기에 즐거운 여행이 될 수 있지 않을까 하는 생각이 듭니다. (…) 사람이 할 수 있는 일 그것은 사랑입니다. 사랑은 함께 있는 것만으로 완성되지 않습니다. 고통까지 함께 느낄 수 있어야 합니다."

신을 닮은 이태석 신부는 그렇게 우리의 가슴속에 남았다. 사랑하고, 사랑하고, 또 사랑하라는 말과 함께.

삶을 바라보는 시선이 운명을 좌우한다

아프리카에서 의료 선교사로 반세기를 보낸 슈바이처 박사. 그가 노벨상 시상식에 참가하기 위해 기차를 탔다. 이 위대한 성자를 보기 위해 각국의 기자가 역으로 몰려들었다. 기차가 멈추자 기자들이 특실칸으로 우루루 몰려갔다. 하지만 슈바이처 박사의 모습은 보이지 않았다. 그때 한 기자가 소리쳤다.
"1등칸으로 가 보십시다!"
하지만 1등칸에도 슈바이처는 없었다. 기자들은 다시 2등칸으로 갔다. 결과는 마찬가지였다. 그때 한 기자가 투덜거리며 말했다.
"혹시 다음 열차 아냐?"
기자들은 고개를 갸우뚱하며 혹시나 하고 3등칸으로 자리를 옮겼다. 냄새나고 지저분한 3등칸 안에는 사진을 통해서 많이 봤던 백발의 슈바이처 박사가 있었다. 한 기자가 놀랍다는 듯이 물었다.
"박사님, 어떻게 3등칸에 타셨습니까?"
슈바이처는 별로 대수롭지 않다는 듯이 말했다.
"이 기차에는 4등칸이 없더라고요."
이 위대한 성자는 후세에 이런 말을 남겼다.
"나는 여러분의 운명을 알지 못하지만 한 가지만은 확실히 알고 있습니다. 여러분 중 정말로 행복할 수 있는 사람은 오직 봉사란 어떻게 해야 하는 것인지를 끊임없이 탐구하여 깨닫는 사람일 거라는 점입니다. 삶을 바라보는 인간의 방식은 그의 운명을 결정짓습니다."

······

꿈꾸는 것이 가능하면
그 꿈을 실현하는 것도 가능하다.
이 모든 것이 작은 생쥐 하나로
시작되었다는 것을 기억하라.
우리의 모든 꿈은 이루어질 것이다.

 생각대로 ⑲ | 애니메이션의 아버지 월트 디즈니

꿈꾸는 것이 가능하면
꿈을 실현하는 것도 가능하다

그림 그리기를 좋아하는 한 청년이 있었다. 청년은 특별한 기술도 없고 배운 것도 많지 않아 늘 가난했다. 숙식을 해결할 방 한 칸이 없어 남의 집 차고 귀퉁이에서 생활했다. 차고는 여름에는 덥고 겨울에는 추워 지내기에 불편했지만 청년은 자신의 환경을 비관하지 않았다.

"나처럼 불행한 어린 시절을 보낸 아이들에게 꿈과 희망을 줄거야. 사람이 성숙한 인격체를 가지기 위해서는 무엇보다 어린 시절의 경험이 중요해."

미국 시카고에서 태어난 청년은 폭력적인 아버지 밑에서 자랐다.

그림을 좋아하고 재능도 있어 미술학교에 다니고 싶었지만 그의 집은 생계도 잇기 힘들 정도로 가난했다. 하지만 그는 틈틈이 혼자서 그림을 그렸다.

그림과 함께 연기에도 푹 빠졌다. 극장 콘테스트에 나갈 정도로 좋아하고 또 잘했다. 그가 주로 했던 연기는 당시 최고의 인기배우이던 채플린을 모방하는 것이었다. 그는 채플린을 몹시 좋아해 열세 살 때는 채플린을 만나러 스튜디오에 가기도 했다. 그림과 연기는 그를 지탱해주는 생명선과도 같았다.

고등학교를 졸업하고 나이를 속여 군대를 제대한 그는 본격적인 그림 작업에 몰두하기 시작했다. 밤새 그린 그림을 가지고 직접 신문사를 찾아다녔다.

"이런 삽화라면 타자 치는 여급도 그릴 수 있네."

"그림이 신선하지 않아. 기발함이 없단 말일세."

"독창성이 없는 그림은 아무짝에도 쓸모없다네."

퇴자를 맞기가 일쑤였다. 하지만 청년은 포기하지 않았다.

"재미있고 기발한 소재가 없을까?"

청년이 작업실로 쓰던 차고에는 동거자가 있었다. 생쥐였다. 청년은 쥐구멍으로 드나드는 생쥐를 친구처럼 여겼다. 자신이 먹을 것도 부족했지만 생쥐를 발견하면 빵 한 조각을 떼어주었다.

"너도 내 신세와 같구나."

생쥐는 그가 전해주는 빵조각을 맛있게 먹었다. 그렇게 둘은 친구가 되었다. 생쥐는 매일 찾아왔고 그림 그리는 그의 옆을 지켜주었다. 그러던 어느 날 생쥐가 물에 흠뻑 젖어 나타났다.

"밖에 비가 오는 모양이구나. 이리 오렴. 내가 닦아줄 테니."

청년은 생쥐를 무릎에 앉히고 낡은 헝겊으로 온 몸을 깨끗이 닦아주었다. 그러면서 생쥐에게 말했다.

"다음부터는 비가 오면 나가지 말고 내 옆에 있거라. 언제나 내 말벗이 되어주어서 고맙다. 넌 나의 유일한 친구야."

그렇게 말하는 순간 청년의 머릿속에서 불꽃이 피었다.

"그래, 이 녀석을 그려보는 거야."

청년은 재빨리 그림을 그리기 시작했다.

"생쥐가 사람처럼 걸어 다니고 말도 한다면 얼마나 재미있을까?"

청년의 스케치북에는 온통 생쥐 그림만 있었다. 그렇게 며칠을 생쥐 그림만 그렸다. 생쥐를 보면서 자신의 친구라고 생각한 후 여행도 다니고 온갖 모험을 하는 상상을 했다. 그때부터 청년의 상상력이 불꽃을 튀며 그림들이 살아 움직이는 것처럼 생생하게 그려졌다.

청년의 이름은 월트 디즈니, 이 생쥐의 이름은 미키마우스였다. 디즈니가 세운 캐릭터 왕국은 실로 어마어마하다. 세계 캐릭터 시장 점유율의 50%를 차지하고 있으며 〈미녀와 야수〉, 〈알라딘〉, 〈인어공주〉, 〈피노키오〉, 〈신데렐라〉, 〈곰돌이 푸우〉, 〈도널드 덕〉 등 보유한 캐릭터만 1천여 종으로 남녀노소 모두 좋아하는 캐릭터이다. 히틀러도 2차 세계대전 중에 디즈니 만화영화를 즐겨봤을 정도였다. 또한 그가 세운 디즈니랜드는 어린아이부터 대통령까지 방문자 수가 무려 22억 명이다. 전 세계 인구 3명 중 1명이 다녀간 셈이다. 여기에는 유명한 일화가 있다.

어느 날 월트 디즈니가 딸을 데리고 놀이공원에 놀러갔다. 공원 벤치에 앉아 딸이 놀고 있는 모습을 바라보던 디즈니는 혼잣말로 중얼거렸다.

"놀이기구들이 너무 단순하고 재미없어. 그리고 너무 지저분하고 위험해. 아이들이 좀 더 즐겁고 안전하게 놀 수 있는 곳이 필요해."

디즈니는 그때부터 어린이들을 위한 꿈의 동산을 만들기로 다짐했다. 여러 놀이동산을 다니고 놀이기구들도 직접 타봤다. 그러던 어느 날 독일의 여러 지역을 여행하다 우연히 퓌센의 노이슈반슈타인 성을 보게 되었다.

"바로 저거야!"

그로부터 18년 후 디즈니는 LA 근처에 자신의 이름을 딴 디즈니랜드를 세웠다. 디즈니랜드의 랜드마크인 신데렐라 성은 노이슈반슈타인 성을 모델로 했다. 디즈니랜드는 기존의 놀이공원과 차별화되는 전략을 세웠다. 바깥 둘레를 산타페 철도가 돌고, 유원지 안에는 1890년대의 미국 마을을 재현한 〈메인 스트리트 USA〉를 중심으로 〈모험의 나라〉, 〈개척의 나라〉, 〈동화의 나라〉, 〈미래의 나라〉 등의 7개 구역이 테마별로 배치되었다. 그중 〈동화의 나라〉에서는 '이상한 나라의 앨리스'와 '덤보', '피터팬' 등을 만날 수 있으며, 〈미래의 나라〉에서는 공상과학영화 속의 주인공이 된 듯한 착각에 빠지게 설계되었다.

이렇듯 테마파크를 표방한 디즈니랜드는 시설 하나부터 사소한 배

치까지 어린이의 시각에서 온갖 상상력을 불어넣었다. 하지만 연간 1000만 명을 넘어서는 방문객 가운데 70%는 어른이었다. 디즈니는 아이들에게 꿈과 희망을 안겨주었을 뿐만 아니라 막대한 부를 이룰 수 있었다.

디즈니는 어려울 때에도 결코 꿈과 희망을 포기하지 않았다. 작은 것 하나 소홀히 여기지 않았고 늘 웃음을 잃지 않았다. 디즈니는 후세에 이런 말을 남겼다.

"꿈꾸는 것이 가능하면 그 꿈을 실현하는 것도 가능하다. 이 모든 것이 작은 생쥐 하나로 시작되었다는 것을 기억하라. 우리의 모든 꿈은 이루어질 것이다."

 생각을 바꾸면 인생이 바뀐다

카네기는 직원 채용시험에서 다음과 같은 문제를 냈다.
"자, 여기 포장된 물건이 있네. 이 물건을 자신만의 방식대로 한번 풀어보겠나."
면접에 참가한 사람들은 저마다 다른 방식으로 물건의 끈을 풀었다. 시험이 끝난 뒤 카네기는 포장된 끈을 차근차근 꼼꼼하게 푼 사람은 불합격시키고 단번에 칼로 잘라낸 사람들을 합격시켰다. 고정관념을 깨고 생각을 바꾼 사람들을 눈여겨본 것이다. 그는 지식보다는 지혜와 사고의 유연성을 본 것이다.
사무엘 스마일스는 이렇게 말했다.
"고정관념과 같은 자신의 관점이나 생각을 바꾸면 점차적으로 자신의 운명도 바뀌어간다. 생각을 바꾸면 행동이 바뀌고, 행동을 바꾸면 습관이 바뀌고, 습관을 바꾸면 인격이 바뀌고, 인격을 바꾸면 운명이 바뀐다."

 세상을 바꾸기는 쉽지 않다. 아니 그건 불가능하다. 하지만 당신의 생각이 바뀌고 행동이 변하면 그때부터 세상은 다르게 보이기 시작한다. 바꿀 수 있는 모든 것을 바꿔라. 다른 각도에서 보고 생각하는 유연성을 갖추어라.

......

어떤 마술이 지구상에서
자폐증을 없애버렸다면
인간은 여전히 동굴 입구에 지핀
모닥불 앞에서 노닥거리고 있을 것이다.

생각대로 ⑳ | 세계적인 동물학자 템플 그랜딘

모자라는 게 아니라
다른 것이다

"전 완치된 게 아닙니다. 평생 자폐아겠죠."

아기는 생후 6개월부터 어머니의 품에 안기면 몸이 뻣뻣하게 굳었고 10개월부터는 손톱으로 어머니를 할퀴었다. 자신이 원하는 대로 되지 않으면 분통을 터뜨렸고 잡히는 대로 집어던졌다. 그리고 계속 비명을 질러댔다.

"아아악!"

"왜 그러니? 엄마가 무얼 해줄까?"

"아아악!"

아이는 말 대신 계속 소리만 질렀다. 아이가 세 살 무렵 엄마는 유명한 정신과 의사를 찾아갔다. 몇 시간 동안 아이의 상태를 지켜보던 의사가 조용히 엄마를 불렀다.

"이 아이는 정상적인 삶이 불가능합니다."

"네, 그게 무슨 말씀이세요?"

"뇌에 큰 이상이 있습니다."

"그… 그럼 어떻게 해야 하나요?"

"안타깝지만 평생을 보호시설에서 살아야 합니다."

"그럼….'

아이의 엄마는 충격으로 말을 잇지 못했다. 자폐증이 아직 사회에 알려지지 않은 때였다. 낙심해서 돌아온 날 밤 엄마는 한 가지 다짐을 했다.

"절대로 내 아이를 보호시설에 맡길 수 없어. 이 아이는 반드시 내 손으로 키울 거야. 무슨 희귀한 병에 걸린 게 분명해. 그걸 꼭 밝혀낼 거야. 내 모든 인생을 걸어서라도 꼭 그렇게 할 거야."

엄마는 의사의 충고에 굴하지 않았다. 몇 번이나 찾아와 보호시설에 수용할 것을 권유했지만 그때마다 강하게 거부했다. 아이를 보호시설에 가두는 순간 아이의 인생은 끝난다는 것을 엄마는 알았다. 그건 아이도 엄마도 원하지 않는 방향이었다.

아이는 한 살씩 나이를 먹어갔다. 상태는 조금도 호전되지 않았다. 여전히 소리를 질렀고 불안한 모습을 보였다. 하지만 엄마는 묵묵히 아이의 곁을 지켰다.

"시끄러워요! 그만 하세요!"

하루는 생일 파티 때 사람들이 나팔 부는 것을 듣고는 신경질적인 반응을 보였다. 자동차가 지나가는 소리나 주위가 시끄러워지면 세상으로부터 벗어나기 위해 몸을 이리저리 흔들고 뱅뱅 돌기도 했다. 그러면 기분이 좀 나아지는 것 같았다. 아이만의 스트레스 해소법이었다. 근데 이상한 점이 있었다. 아이가 이상한 것에 몰입하기 시작한 것이다. 그리고 그 몰입은 장기간 지속되었다.

가족들과 함께 바닷가에 놀러 갔을 때의 일이었다. 아이는 바닷가에 쪼그리고 앉아 모래가 손가락 사이로 빠져나가는 것을 보고 신기해했다.

"얘야, 모래가 그렇게 좋으니?"

"정말 신기해요. 모래알 하나하나에 거대한 우주가 들어 있는 것 같아요. 반짝반짝거리는 게 보이지 않으세요? 그리고 이 모래의 모양과 색깔을 좀 보세요. 너무 신기하지 않나요?"

어떤 날은 하루 종일 방 안에 앉아 자신의 손금을 들여다보기도 했다. 여러 선이 복잡하게 얽히고 설킨 손금은 보면 볼수록 신기하고 오묘했다. 이러한 몰입은 열다섯 살에 우연히 이모의 농장에서 본 기계로 이어졌다. 기계들의 복잡한 부품과 작동원리는 그녀가 본 것 중 가장 신기하고 특별한 세계였다. 농장에 있던 소들과 동물들과도 교감이 통했다.

"엄마, 이 녀석이 저를 좋아한다고 하네요."

"저 녀석은 오늘 먹은 게 안 좋았던 모양이에요. 속이 거북하대요."

"소의 귀를 자세히 보면 녀석의 심리 상태를 알 수 있어요."

그녀는 어느 날 자신의 병명을 알았다. 아스퍼거 증후군Asperger syndrome이었다. 그건 언어에 지체가 없는 자폐증을 말했다. 그러나 그녀는 세계와 다른 사람의 말과 행동을 언어보다 영상에 의지해 인지하는 뛰어난 재능을 가진 자폐증 환자이다. 한 번 보고 들은 것은 말과 문자가 아니라 이미지로 기억해냈다. 무엇보다 동물의 감정을 읽는 데 탁월했다.

"나는 그림으로 생각해요. 언어는 나한테 외국어와 같아요. 말을 듣거나 글을 읽으면 나는 사운드까지 완벽하게 갖춰진 천연색 영화로 번역해서 머릿속에서 비디오테이프를 돌리듯 돌려요"

이모의 농장에서의 생활은 그녀에게는 기쁨이자 교육의 장소이기도 했다. 그녀는 전 과정에서 탁월한 성적을 거두었고 영재학교인 린지에서 공부하게 되었다. 또한 졸업식에서 고별사를 할 정도로 성적도 좋았다.

고등학교를 졸업한 그녀는 프링클린 피어스 컬리지에서 심리학 석사, 애리조나 주립대학에서 동물학 석사, 일리노이 대학에서 동물학 박사학위를 취득했다. 그 후 〈투데이 쇼〉와 〈래리 킹 라이브〉 같은 텔레비전 프로그램이나 신문, 잡지에 소개되어 전국적인 유명세를 탔다. 그녀의 모습을 보고 자폐아를 둔 부모들이 많은 힘과 용기를 얻었다.

2006년에는 BBC에서 최초로 방영된 호라이즌 다큐멘터리 〈소처럼 생각하는 여자〉의 소재가 되었으며, 2010년에는 클레어 데인즈를 주연으로 한 영화 〈템플 그랜딘〉이 HBO에서 제작 방영되었다. 이 영화의 제목은 그녀의 실제 이름을 딴 것이었다.

그녀의 실명과 실화를 바탕으로 제작된 이 감동적인 영화는 로스앤젤스 노키아 극장에서 열린 제62회 에미상 시상식에서 최우수 작품상, 여우주연상, TV영화·미니시리즈 남우조연상, 감독상 등 5개 부문을 휩쓸었다. 다섯 번이나 그녀의 이름이 호명되자 그녀는 무대에 올라 큰소리로 외쳤다.

"엄마 보고 있어? 그럼 얼른 일어나 봐!"

이날 가장 주목을 받은 것은 레오나르도 디카프리오와 함께 〈로미오와 줄리엣〉으로 전 세계 남성들의 사랑을 한 몸에 받았던 주연 배우 클레어 데인즈가 아니었다. 카메라는 온통 클레어 데인즈보다 머리 하나가 더 있는 실제 주인공 템플 그랜딘의 차지였다.

어느 날 한 기자가 그녀에게 물었다.

"살면서 뭐가 가장 힘드세요?"

"매 순간이 다 힘들지요. 사람이라면 다 똑같지 않을까요?"

그리고 다음 말을 이었다.

"손가락을 한 번 튕기기만 하면 정상인이 될 수 있다 하더라도 저는 사양할 겁니다. 제가 아닌 다른 사람이 되는 거니까요. 자폐증은 저의 일부입니다."

"살면서 가장 기뻤던 일은 뭡니까?"

"제가 뭔가에 참여할 수 있도록 많은 분이 최선을 다했어요. 그 분들은 아셨습니다. 제가 다를 뿐이라는 것을! 모자란 게 아니라 다르다는 것을! 게다가 저는 세상을 다르게 보는 능력이 있습니다. 다른 사람들이 못 보는 것까지도 자세히 볼 수 있는 능력입니다."

템플 그랜딘은 현재 100편의 논문을 발표한 동물학 박사이자 가축 시설 디자이너로 활약한다. 콜로라도 주립대학교 동물과학부 조교수이자 자폐증 계몽활동과 가축의 권리보호에 관한 영향력 있는 학자이기도 하다.

미국과 캐나다 소의 절반은 그녀가 설계한 시설에서 처리되고 있다. 그녀의 시각, 지각 능력과 기억력은 거의 천재 수준이다. 설계하고자 하는 기계를 머릿속에서 디자인하고 그것이 완성되면 다시 머릿속에서 시뮬레이션 된다. 그녀가 디자인한 도축장은 소의 심리를 최대한 반영하여 공포를 느끼지 못하도록 설계되어 있다.

템플 그랜딘은 TED 강연에서 〈세상은 왜 자폐를 필요로 하는가?〉라는 주제로 다음과 같은 말을 했다.

"시각적으로 생각하는 사람들이 자라면 무엇을 할 수 있을까요? 그래픽 디자인을 할 수 있고 모든 종류의 컴퓨터 일을 할 수 있고, 사진 촬영, 산업디자인을 할 수 있습니다. 패턴으로 생각하는 사람들은 수학자, 소프트웨어 엔지니어, 컴퓨터 프로그래머를 비롯해 모든 종류의 직업을 가질 것입니다. 그리고 나면 언어의 마음이 있습니다. 그들은 굉장한 언론인이 될 수도 있습니다. 그들은 또한 뛰어난 연기자가 될 수도 있습니다. (…) 누가 첫 번째 돌창을 만들었다고 생각하세요? 아스퍼거가 있던 사람입니다. 모든 자폐증 유전자를 없앴다면 실리콘밸리는 더는 존재하지 않고 에너지 위기도 해결되지 않을 것입니다. 자폐아는 정신적으로 장애가 있는 것이 아니라 단지 성향이

폐쇄적인 것뿐이므로 한 가지 일에 몰두하여 공부하게 되면, 그 분야에 관해 훌륭한 전문가가 될 수 있습니다."

유투브를 통해 이 강연을 본 사람들은 자폐는 병이 아니라 신이 주신 특별한 능력이라는 것을 깨닫게 된다. 자신의 이미지 기억 능력과 세상을 바꾸었고 바꿀 힘이 자폐아들에게 있다는 것을 당당하게 말하는 그녀의 모습에는 범접할 수 없는 거룩함마저 묻어난다. 그 거룩한 힘이 《타임》지가 그녀를 '2010년 100대 인물' 중 한 명으로 선정한 이유일 것이다.

"어떤 마술이 지구상에서 자폐증을 없애버렸다면 인간은 여전히 동굴 입구에 지핀 모닥불 앞에서 노닥거리고 있을 것입니다."

세상은 어떤 시각으로 보느냐에 따라 달라진다. 동그란 모양으로 본다면 세상은 동그라미가 될 것이고, 세모난 모양으로 본다면 세상은 세모가 될 것이다.

달을 보고 '달이 참 아름답다'고 말하는 것은 달이 정말 아름다워서일까, 아니면 달을 보는 사람의 마음이 아름다워서일까?

한 번쯤 곰곰이 생각해볼 문제이다.

모든 것은 마음먹기에 달렸다

661년 원효대사가 의상대사와 함께 당나라 유학길에 올랐다. 날이 어두워 둘은 어느 무덤 앞에서 잠을 잤다. 원효는 잠결에 목이 말라 물을 마셨는데 그 맛이 샘물보다 더 맛있었다. 날이 새어서 보니 잠결에 마신 물이 해골에 괸 물이었다.

"사물에는 정(靜)도 부정(不淨)도 없고 모든 것은 오로지 마음에 달렸구나."

원효는 그 길로 유학을 포기하고 돌아왔다.

대한민국 사람이라면 누구나 알고 있는 유명한 이야기이다. 전서체인 마음 심(心)자는 심장 모양을 본떠 만든 상형문자이다. 이 '심'자가 들어 있는 '일체유심조(一切唯心造)'란 '모든 것은 오로지 마음이 지어내는 것'임을 뜻한다.

 성당에 다니거나 한 번이라도 미사에 참석한 사람은 미사 중간에 가슴을 세 번 치며 '내 탓이오, 내 탓이오, 내 큰 탓이로소이다'라고 말하는 것을 들었을 것이다.

 문제는 항상 외부가 아니라 내부에 있다는 것을 잊지 말아야 한다. 무엇이 잘못되었을 때 먼저 자신을 돌아보는 자세와 습관이 중요하다. 모든 것은 마음먹기에 달렸다. 이 생각만 머릿속에 넣어두면 어떤 일을 할 때 두려워하거나 초조해하지 않게 된다. 자신에 대한 믿음과 신뢰가 생기는 것은 물론이다.

생각대로 살지 않으면
사는 대로 생각하게 된다 1

1판	**1쇄 발행**	2012년	7월 27일
1판	**36쇄 발행**	2016년	2월 20일
2판	**1쇄 인쇄**	2016년	7월 10일
2판	**11쇄 발행**	2021년	1월 17일

지은이   은지성
발행인   허윤형
펴낸곳   (주)황소미디어그룹
주소   서울 마포구 합정동 381-16번지 KCC엠파이어리버 704호
전화   02 334 0173   **팩스** 02 334 0174
홈페이지 www.hwangsobooks.co.kr
커뮤니티 http://cafe.naver.com/hwangsobooks
인스타그램 @hwangsobooks
등록   2009년 3월 20일(신고번호 제 313-2009-54호)

ISBN 978-89-97092-41-3(14320)
ISBN 978-89-97092-40-6(세트)

ⓒ 2016 은지성

* 황소북스는 (주)황소미디어그룹의 출판 브랜드입니다.
* 이 책은 황소북스가 저작권자와의 계약에 따라 발행한 것이므로
  본사의 서면 허락 없이는 어떠한 형태나 수단으로도 이 책의 내용을 이용하지 못합니다.
* 잘못된 책은 구입하신 서점에서 바꾸어 드립니다.
* 책값은 뒤표지에 있습니다.